GUIA de redação para a área de Geociências

2ª edição revista, atualizada e ampliada

Pércio de Moraes Branco

Guia de redação para a área de Geociências

2ª edição revista, atualizada e ampliada

Copyright © 2014 Oficina de Textos

Grafia atualizada conforme o Acordo Ortográfico da Língua
Portuguesa de 1990, em vigor no Brasil desde 2009.

CONSELHO EDITORIAL Cylon Gonçalves da Silva; Doris C. C. K. Kowaltowski;
José Galizia Tundisi; Luis Enrique Sánchez;
Paulo Helene; Rozely Ferreira dos Santos;
Teresa Gallotti Florenzano

CAPA E PROJETO GRÁFICO Malu Vallim
DIAGRAMAÇÃO Maria Lúcia Rigon
PREPARAÇÃO DE TEXTOS Carolina A. Messias
REVISÃO DE TEXTOS Hélio Hideki Iraha
IMPRESSÃO E ACABAMENTO

Dados Internacionais de Catalogação na Publicação (CIP)
(Câmara Brasileira do Livro, SP, Brasil)

Branco, Pércio de Moraes
Guia de redação para a área de geociências /
Pércio de Moraes Branco. -- 2. ed. -- São Paulo : Oficina de Textos, 2014.

Bibliografia
ISBN 978-85-7975-156-1

1. Língua portuguesa - Gramática 2. Relatórios -
Redação I. Título.

14-09122 CDD-469.5

Índices para catálogo sistemático:
1. Português : Gramática : Linguística 469.5

Todos os direitos reservados à Editora Oficina de Textos
Rua Cubatão, 959
CEP 04013-043 São Paulo SP
tel. (11) 3085-7933 (11) 3083-0849
www.ofitexto.com.br atend@ofitexto.com.br

agradecimentos

A qualidade deste trabalho foi muito melhorada com os ensinamentos do Prof. Helênio Fonseca de Oliveira, que sacrificou horas de lazer para esclarecer questões particularmente complexas para nós, ouvindo-nos com extrema atenção e orientando-nos com muita clareza.

Em mais de uma oportunidade, antes ainda de surgir a ideia de escrever este guia, consultamos o filólogo Antônio Houaiss, falecido em 1999, que também esclareceu dúvidas que afligem grande número de geólogos brasileiros.

Entre 1971 e 1983, consultamos muitas vezes o Prof. Celso Pedro Luft, falecido em 1995, que sempre respondeu nossas indagações em sua coluna diária No mundo das palavras, que era publicada no jornal Correio do Povo, de Porto Alegre.

Os professores Pasquale Cipro Neto e Luiz Antonio Sacconi também responderam diversas questões que lhes propusemos.

Sueli Araújo e os geólogos Arthur Schulz Jr. (falecido) e Juarez Millman Martins enviaram-nos valiosa bibliografia, que aproveitamos em vários capítulos.

A troca de informações que o autor manteve com os geólogos Eduardo Camozzato e Gilberto Emilio Ramgrab, inclusive antes de surgir a ideia de organizar um guia de redação, foi muito proveitosa e enriquecedora.

Vários outros colegas de trabalho ajudaram-nos também, não só eliminando dúvidas relativas a suas áreas de especialização como também levantando outras. Entre eles, devemos citar os geólogos Gilberto Scislewski, José Leonardo Andriotti, Roque Mauro Eckert, Telmo Luiz das Neves Rodrigues, Telmo Süffert e Vergílio Redaelli.

Algumas pessoas e entidades foram consultadas para resolver problemas específicos, entre elas a escritora e tradutora Lya Luft, a Embaixada da antiga Checoslováquia e a Divisão de Protocolo do Ministério das Relações Exteriores.

A todas essas pessoas e órgãos que contribuíram direta ou indiretamente para a elaboração deste trabalho, apresentamos nossos agradecimentos.

Pércio de Moraes Branco

Para

Antônio Houaiss,
Aurélio Buarque de Holanda Ferreira,
Celso Pedro Luft,
Édison de Oliveira e
Fidélis Dalcin Barbosa,

hoje todos mestres no mundo espiritual,
por haverem, de diferentes maneiras,
me ensinado a bem usar e muito amar a língua portuguesa.

GEOLOGIA
Jane Maria de Moraes Branco

Geo – Terra,
Profunda, escura,
Brilhante talvez

Que acolhe,
Que escolhe
Seus lapidadores
E pesquisadores
Também!
Geo – Terra
Sábia, perene
E firme talvez,

Que permite
E emite
Os sons no além.

Terra sábia,
Terra boa,
Misteriosa em si.

Mas, sobretudo,
Terra – Mãe
E Pai também

Feita da rocha
Da pedra, da água,
Do mar, só além.

Que comunica
Porque é vida,
Que enobrece
Por ser bela,
Por ter diamantes
O ouro e a prata,
Metais preciosos,
Também.

Sábios os que a veem,
Os que a cuidam,
Os que a ouvem,
Os que sabem
Entendê-la
Como ninguém!

NOTA SOBRE A 2ª EDIÇÃO

Os 2.000 exemplares da primeira edição deste guia esgotaram-se já há um bom número de anos. Sua procura, porém, continuou ocorrendo, e recebemos muitos pedidos, sobretudo de estudantes, que não o encontravam nas livrarias nem na antiga editora. Tal era o interesse pelo guia que alguns se dispuseram inclusive a pagar por uma cópia xerográfica.

Assim, nada mais natural que o surgimento desta segunda edição, não apenas pela falta que ela vinha fazendo, mas também porque a primeira, anterior ao Acordo Ortográfico da Língua Portuguesa, firmado pelos países de língua portuguesa, estava inevitavelmente desatualizada.

Outro fator a exigir atualização foi o surgimento do Dicionário Houaiss da língua portuguesa, hoje o mais completo da nossa língua, da quinta edição do Vocabulário Ortográfico da Língua Portuguesa (Volp), editado pela Academia Brasileira de Letras, além do Novo Aurélio século XXI, terceira edição impressa do dicionário do grande mestre Aurélio Buarque de Holanda Ferreira. O Houaiss (versão impressa) passou a ser nosso dicionário de referência, mas não deixamos de consultar as versões impressas do Aurélio e do Volp, expondo também as opiniões de seus autores, sobretudo quando há divergências.

Além dessa necessária atualização, ampliamos alguns itens e melhoramos a redação de incontáveis outros, procurando deixar este trabalho mais completo e mais acessível. Falhas provavelmente continuarão existindo e contamos com a participação crítica dos leitores para saná-las.

sumário

Introdução
1 A língua portuguesa e o nosso trabalho 13
2 Algumas regras para redação de trabalhos técnicos 15
3 Revisão de textos 19
4 O uso do dicionário 21
5 Transcrições e citações 30
6 Traduções 35
7 Nomes de minerais 53
8 O correto emprego de algumas palavras 61
9 Gênero de algumas palavras 83
10 Hífen 89
11 Plural de substantivos e adjetivos compostos 103
12 Plurais especiais 108
13 Antropônimos, topônimos e adjetivos pátrios 110
14 Emprego de algumas locuções 118
15 Siglas e abreviaturas 128
16 Iniciais maiúsculas e minúsculas 135
17 Pronúncia de algumas palavras 138
18 Números 145
19 Unidades de medida e seus símbolos 152
20 Conjugação de alguns verbos 158
21 Emprego de alguns verbos 166
22 Alguns casos de concordância 172
23 Sinais de pontuação 176
24 Acentuação gráfica 183
25 Crase 187
AURÉLIO BUARQUE DE HOLANDA, OS DICIONÁRIOS E EU 193
ANTÔNIO HOUAISS E EU 195

Vocabulário 198
Bibliografia consultada 214
Índice remissivo 218

introdução

O objetivo principal deste guia é esclarecer dúvidas que frequentemente surgem na redação de relatórios e outros trabalhos técnicos na área de Geociências.

Os tópicos aqui abordados foram selecionados dentre aqueles que interessam de modo mais ou menos específico às atividades técnicas dos profissionais das Ciências da Terra. Por isso, para assuntos mais genéricos, pode ser necessário consultar uma gramática. Este guia, aliás, não dispensa o uso de um bom e moderno dicionário e de uma gramática igualmente moderna.

Alguns dos assuntos tratados são de natureza puramente gramatical, outros são essencialmente técnicos, e outros ainda têm um caráter misto.

Além da bibliografia relacionada no final, foram consultados, durante a preparação deste guia, professores de português, geólogos de diversas áreas de especialização e outras fontes de informação.

Citamos, na obra, numerosas vezes, o *Vocabulário Ortográfico da Língua Portuguesa* (quinta edição), que representa a posição oficial da Academia Brasileira de Letras, usando, para isso, a sigla *Volp*.

Também citamos várias vezes o *Acordo Ortográfico da Língua Portuguesa de 1990*, identificado como *Aolp*.

Mencionamos ainda com frequência o *Novo Aurélio século XXI*, de Aurélio Buarque de Holanda Ferreira (terceira edição), e o *Dicionário Houaiss da língua portuguesa*, de Antônio Houaiss e Mauro de Salles Villar. Os autores e suas duas obras são citados neste guia como Aurélio e Houaiss, respectivamente, usando-se grifo quando se trata da obra.

No final do *Guia*, há um vocabulário com quase mil palavras que deve ser consultado pelo leitor interessado em conhecer a correta pronúncia ou grafia de determinado termo sem se deter em explicações sobre o assunto.

Dispomo-nos a rever com atenção erros e omissões de qualquer natureza que sejam encontrados pelos leitores, do mesmo modo como aceitamos qualquer sugestão que vise melhorar a qualidade deste trabalho ou torná-lo mais útil.

1
A LÍNGUA PORTUGUESA E O NOSSO TRABALHO

Mesmo com um sistema ortográfico *simplificado, científico e sistemático* (Cegalla, 1979), sabemos todos que nossa língua é muito complexa. São tantas as regras e exceções que fica difícil, mesmo para quem foi bom aluno e teve bons professores, falar e escrever corretamente. As provas dessa complexidade são muitas e bem conhecidas. Por exemplo:

a] a letra x pode ter som de z (*exame*), ch (*xadrez*), cs (*ônix*) e ss (*próximo*). Mas pode não ter som nenhum, como em *exceção*. Já o som z pode ser representado por x (*exame*), s (*casa*) e z (*zebra*).

b] a parte da Fonética que trata da correta pronúncia das palavras chama-se *Ortoepia*, que podemos pronunciar também *Ortoépia*.

c] o plural dos substantivos terminados em ão pode ser feito de três formas diferentes. E, para alguns, as três formas são válidas (ex.: *aldeões, aldeães* e *aldeãos*).

d] *bem-me-quer* escreve-se com hífen, mas *malmequer*, não. (E ambos designam a mesma flor.)

Além disso, há ainda as frequentes divergências entre os gramáticos e os equívocos das normas oficiais.

Essas dificuldades tornam compreensível a impaciência, a irritação e a má vontade com que às vezes encaramos o trabalho de escrever. No entanto, elas não nos dão o direito de ignorar – muito menos de desrespeitar conscientemente – as regras gramaticais ou de abandonar o uso do dicionário e da gramática. O que podemos e devemos fazer é reivindicar um revisor para os textos que produzimos em nossas atividades profissionais, principalmente para aqueles destinados a publicação; treinamento adequado às nossas necessidades, para suprir as reconhecidas deficiências do nosso ensino formal; e fácil acesso a gramáticas e dicionários. Portanto, faça a sua parte, estudando e procurando conhecer seu idioma. Além disso, saiba exigir condições para aprender e recursos para uma boa revisão do seu trabalho escrito.

A língua é um instrumento de trabalho.

> Entre as amáveis primeiras letras e as temíveis últimas estende-se o resto do alfabeto, que, como se sabe, divide-se não em vogais e consoantes, mas em letras retas e letras curvas e algumas, como o D, o P e o R, que não se decidiram entre o austero mundo dos retos ou o frívolo mundo dos redondinhos. Há de tudo neste universo. Aliás, tudo é este universo. Tudo que tem um nome, tudo que pode ser dito ou pensado... As primeiras letras deviam vir precedidas de um aviso, como certas drogas: Cuidado: pode criar dependência. Mas quem conseguiu ler isto é porque já passou das primeiras letras e já está, inapelavelmente, no caminho da perdição, ou do paraíso.
>
> Luis Fernando Verissimo, "Primeiras letras"

2

ALGUMAS REGRAS PARA REDAÇÃO DE TRABALHOS TÉCNICOS

Os documentos gerados nas atividades ligadas às ciências da Terra são quase sempre textos de natureza técnica ou científica. Procure, por isso, seguir as regras adiante.

Documentos técnicos devem ser claros, precisos, concisos e objetivos. Preocupe-se não em escrever bonito, e sim em escrever de modo claro, resumido e natural.

Veja um exemplo real, tirado de uma obra não especializada, em que faltou clareza:

Sigla é a redução braquigráfica literal, braquigrama, consistente das letras iniciais do abreviando, locucional ou circunloquial.

Prefira parágrafos curtos, frases curtas, palavras curtas. Veja outro exemplo, também real, em que isso não foi feito:

Os EIAs e o respectivo RIMA servem para estabelecer a Avaliação de Impacto Ambiental, que é um instrumento de política ambiental formado por um conjunto de procedimentos que visa assegurar, desde o início do processo, a realização do exame sistemático dos impactos ambientais de uma determinada ação proposta (projeto, programa, plano ou política) e de suas alternativas, onde os resultados sejam apresentados de forma adequada ao público e aos responsáveis pela tomada de decisão, sendo, desta forma, por eles devidamente considerados antes que a decisão seja tomada.

Tenha cuidado com frases de sentido ambíguo, principalmente aquelas com os possessivos *seu(s)* e *sua(s)* ou com negações sucessivas.

Ex.: *O mapa geomorfológico merece especial atenção neste trabalho porque sua finalidade é mostrar que a influência do relevo no desenvolvimento urbano é importante.* (Finalidade de quem? Do mapa ou do trabalho?) *Nós tiramos do mapa a rede de drenagem.* (Nesse exemplo real, o autor quis dizer que *copiou* a rede de drenagem existente no mapa, mas a frase foi usada num contexto que permitia entender que a rede de drenagem fora *removida* do mapa.) *Caxias pede fim da Rota do Sol.* (Essa frase, manchete de um jornal gaúcho, pode dar a entender que Caxias do Sul não deseja a rodovia Rota do Sol, quando o que se pretendia informar é que aquele município deseja a conclusão daquela estrada.) *Desmente que Schwarzkopf não lhe tenha dito que a Síria não atacaria depois que começasse a ofensiva terrestre.* (No mesmo jornal, essa sucessão de negações torna difícil entender a mensagem.) *Durante esse período, a produção industrial dobrou não apenas devido à luta contra a sujeira, é óbvio, mas também por causa dela.* (Essa frase de sentido dúbio foi tirada da maior revista semanal do país. Qual a diferença, no caso, entre *devido à luta* e *por causa dela?* Ou será que se quis dizer *por causa desta?*)

Intercalações excessivas ou muito extensas tornam o texto confuso.

Ex.: *Os metassedimentos mais jovens mostram-se muito deformados, mas, além dessa importante característica, já apontada por Vargas (1989), em trabalho executado ao norte da área em questão e em que o grau de deformação dessas rochas foi minuciosamente descrito e caracterizado como resultante de pelo menos quatro eventos deformacionais, e da restrita distribuição geográfica, aspecto em que diferem profundamente daquelas mais antigas, que ocupam extensas áreas no sul e sudeste do Estado, ultrapassando a fronteira com o país vizinho, outras diferenças podem ser apontadas.*

Palavras rebuscadas ou pouco usuais desviam a atenção do leitor; reserve-as para suas composições literárias. Lembre que há muita semelhança entre *prolixo* e *pro lixo*.

Algumas regras para redação de trabalhos técnicos | 17

O avanço da ciência e a evolução natural da língua levam ao surgimento de palavras novas. Segundo Napoleão Mendes de Almeida (1993, p. 13), o neologismo é uma necessidade. *Se há invenções, precisamos dar nome a elas.* Esses novos termos deverão ser aceitos se ainda não tiverem um equivalente e se forem bem construídos. Não é o caso, por exemplo, de certos neologismos da área da Informática, como *printar* (imprimir), *onar* (ligar), *offar* (desligar) e *paternizar* (padronizar).

Ter uma bela caligrafia não é obrigação, mas ter uma letra legível, sim. Lembre-se disso ao escrever em sua caderneta de campo.

Os termos utilizados devem traduzir o mais fielmente possível a natureza daquilo que estão designando ou descrevendo. Evite frases como *...tamanhos variáveis entre poucos quilos até 500 kg* (exemplo real), em que se usou uma unidade de massa para descrever dimensões.

Não confunda espaço com tempo.

Ex.: *Quando* [em vez de *onde*] *as intrusões são concordantes com a estratificação das encaixantes, formam degraus nas encostas. Durante esta etapa, realizou-se mapeamento geológico, onde* [em vez de *quando*] *foram descritos os principais afloramentos.*

Termos muito enfáticos ou de valor absoluto devem ser usados com parcimônia. Textos técnicos admitem adjetivos como *notável, imenso, excelente,* etc., mas apenas esporadicamente. Em textos desse tipo não há lugar para adjetivos do tipo *maravilhoso, fantástico, sensacional,* etc.

Os relatórios de equipe devem ser impessoais.

Ex.: *Descreveram-se vinte afloramentos* (e não *Descrevemos vinte afloramentos*).

Relatórios individuais devem ser escritos usando o plural de modéstia.
Ex.: *Descrevemos* (e não *descrevi*).

Ao redigir seu relatório, não se preocupe demais com a forma e a correção. Quando o reler pela primeira vez, corrija os erros mais evidentes e retoque frases mal construídas, ainda dando mais atenção ao conteúdo que à forma. Depois, sim, faça uma revisão para cortar palavras e frases supérfluas, eliminar erros gramaticais e melhorar o estilo.

Lembre que um mau português pode levar ao descrédito um documento tecnicamente bom. Você confiaria plenamente num relatório de assessoria em que se escreveu *conecção* e *decibilímetro* e no qual não se usou crase? Pois ele existe...

Evite começar um resumo ou uma apresentação de relatório ou artigo técnico com as já desgastadas formas *Este trabalho* [...], *Este relatório* [...] ou outras equivalentes.

Quando alguma coisa se acaba ou fica destruída, diz-se na gíria que ela "já era".

Bianca, de seis anos, estava brincando com um primo de dois anos quando este pegou um brinquedo e jogou-o no chão com força. Ela pensou que o brinquedo houvesse ficado irremediavelmente quebrado, mas, pegando-o, viu que estava inteiro. Aliviada, criou esta preciosa construção gramatical:

– Ainda bem que ele ainda não já era...

Pércio de Moraes Branco, *As últimas da Bianca*

3

Revisão de textos

Após redigir seu texto, não deixe de revisá-lo todo, fazendo (ou pedindo a alguém que faça) duas revisões separadas, uma de forma e outra de conteúdo.

Ao receber do digitador o texto que você redigiu, revise-o de novo. Faça as correções de modo a não deixar dúvidas quanto às modificações que deseja introduzir. Palavras ou frases que você queira eliminar deverão ser riscadas, e não colocadas entre parênteses, para deixar bem clara sua intenção de excluí-las.

Você pode assinalar na margem direita as linhas em que há correções a fazer ou executar ali as próprias correções. Se o texto estiver encadernado, faça a marcação nas margens externas (margem direita das páginas ímpares e margem esquerda das páginas pares).

Se o texto for composto em duas colunas por página, use as margens à esquerda da primeira coluna e à direita da segunda.

Ao devolver o texto para correção, peça ao responsável pela digitação que não apague as anotações feitas nas margens, do contrário será difícil verificar se as correções foram realmente feitas e se não surgiram novos erros ao corrigir os antigos.

Devolva, junto com o texto digitado, seu rascunho original, para que o digitador veja por que errou e se foi dele realmente o erro.

Na revisão, confira sempre os algarismos, seja de que natureza forem, comparando com o original.

Após três ou quatro revisões do mesmo texto, sua capacidade de perceber erros está comprometida; peça a outra pessoa que faça a próxima revisão.

Texto redigido em computador não deve ser revisado com leitura apenas no monitor. Prefira imprimir o texto e fazer a revisão no papel, onde os erros são identificados de modo bem mais fácil.

Na área de Geociências, há pelo menos dois erros "clássicos" de digitação: *diamente* (em lugar de *diamante*) e *esfarelita* (em vez de *esfalerita*). É comum também confundir *detrito/detrítico* com *dendrito/dendrítico*.

> Meu colega Erni é um consertador de palavras. Todos os dias desabam sobre sua mesa de trabalho textos com defeitos de fabricação, frases com vazamento nas juntas, vocábulos estropiados, com falta de letras ou mesmo de sentido. Pacientemente, ele abre sua caixa de ferramentas, que contém não apenas as chaves de fenda da gramática, mas também compartimentos com estoques de vírgulas, hifens, crases, circunflexos e, suspeito, até alguns antigos tremas, por puro saudosismo. Como aqueles carpinteiros que seguram pregos nos lábios enquanto medem, aplainam e parafusam, o nosso faz-tudo das letras revisa títulos, legendas, extensas reportagens, entrevistas, artigos e colunas, operando reparos sem alarde. É o anjo da guarda dos redatores distraídos. [...]
>
> Nilson Souza, "Arabescos e biscoitos", *Zero Hora*, 16.07.2011

4

O USO DO DICIONÁRIO

Para aprender português sozinho, melhor que uma boa gramática ou um bom dicionário, só mesmo os dois juntos. Por isso, procure ter sempre à mão esses dois tipos de livro.

A ESCOLHA DO DICIONÁRIO

A consulta a qualquer dicionário, mesmo que não seja dos melhores, é sempre preferível a permanecer com a dúvida. É óbvio, porém, que o ideal é consultar um dicionário de boa qualidade. Pasquale Cipro Neto (2007) dá uma clara orientação sobre a escolha de um bom dicionário:

> Se for para uso "fora de casa", um míni ou mídi vão bem. [...] Dicionário pequeno é quebra-galho, por isso não pode entrar em casa, para que não se tenha a doce ilusão de que se tem dicionário no lar. [...]
> O dicionário de casa tem de ser dos grandes. [...] Vai dos brasileiros encontradiços (*Aurélio*, *Michaelis*, *Houaiss*, o [ótimo] da Unesp, dirigido pelo professor Francisco Borba) aos portugueses (também encontrados por aqui [...]). [...]
> Durante muito tempo, o rei dos dicionários brasileiros foi um português.
> Gerações e gerações consultaram o dicionário de Caldas Aulete, que tinha nada mais nada menos do que cinco volumes e foi editado até a década de 60. [...] Com o fim do reinado do *Caldas Aulete*, o trono passou para o *Aurélio*, que há pelo menos 40 anos é sinônimo de dicionário. A obra não tem a mesma profundidade do *Houaiss*, mas atende as necessidades básicas de quem o consulta. [...] Se você não precisa do caráter enciclopédico do *Houaiss*, vá de *Aurelião*, como é chamado há décadas.
> O dicionário *Michaelis* é o mais "simples" dos três, o que não quer dizer que faça feio ou deixe na mão quem o consulta. Só não se

pode esperar desse dicionário a profundidade característica do *Houaiss* ou a abrangência do *Aurelião*. [...] [É] um dicionário prático, básico, conciso, como os pequenos, e recheado com muito mais verbetes, como os grandes. [...] Se você prefere o "direto ao ponto", o básico com algum tempero, vá de *Michaelis*. [...] Dos três dicionários grandes mais vendidos no Brasil, o *Houaiss* é, de longe, o melhor, ou, para usar uma expressão comum hoje em dia, "o mais completo". Na verdade, esse grande dicionário é quase uma enciclopédia [...] Se você quer ir fundo, vá de *Houaiss*. (Cipro Neto, 2007, p. 3).

Antônio Houaiss considerava muito bons os dicionários de Caldas Aulete (*Dicionário contemporâneo da língua portuguesa*), de Aurélio Buarque de Holanda Ferreira (*Novo dicionário da língua portuguesa*) e o da Editora Melhoramentos. Sacconi (1989) aponta vários erros no *Aurélio* e considera melhor o de Caldas Aulete, apesar de desatualizado (a última edição é da década de 1980).

Cláudio Moreno (2001), como Cipro Neto, também considera o *Houaiss* nosso melhor dicionário atualmente. Diz ele:

Fui um aurelista de primeira hora; aderi ao *Novo Dicionário* em 1975, no dia em que foi lançado, e passei entusiasmado para a 2ª edição, a melhor de todas, em 1986 [...] Já a 3ª edição, póstuma, com sua pífia capinha multicor e o título oportunista *Aurélio – Século XXI*, não me agradou e perdeu a minha confiança: é que, morto Aurélio em 1989, os atuais editores, em vez de se limitar aos acréscimos indispensáveis e às eventuais correções, tiveram o topete de fazer um sem-número de "revisões" desastradas no texto do *Aurélio-vivo* (é assim que me refiro à 2ª edição). (Moreno, 2001, p. 2-3).

E conclui Cláudio Moreno (2001, p. 2-3): [...] *não hesito, no entanto, em afirmar taxativamente que entramos em nova etapa na lexicografia brasileira. O Rei Aurélio está morto; viva o Rei Houaiss!*

Das edições de bolso, alguns professores preferem o dicionário de Celso Pedro Luft, considerado melhor que o *Minidicionário Aurélio*.

Na nossa comunicação diária, usamos em torno de 3.000 palavras. Acredita-se que Machado de Assis e Guimarães Rosa usaram, em seus livros, cerca de 6.000, e Coelho Neto, três vezes mais. O Aurelião tinha cerca de 100.000 verbetes na primeira edição, aumentados para cerca de 150.000 na segunda e 168.000 na terceira (*Novo Aurélio século XXI*). O *Houaiss* trouxe, já em sua primeira edição, cerca de 228.500 verbetes. O *Michaelis* surgiu em 1998, com mais de 220.000 verbetes.

Não confunda o *Novo dicionário da língua portuguesa* (*Aurelião*) com o *Pequeno dicionário brasileiro da língua portuguesa*, que, na década de 1950, foi revisto e aumentado pelo autor do primeiro. Este último, produzido por Hildebrando de Lima, em 1941, foi reeditado muitas vezes até ser publicado o *Aurelião*, mas deixou de contar com a participação ou coautoria de Aurélio Buarque de Holanda Ferreira em 1959, embora seu nome continuasse aparecendo na obra. Aurélio sentia-se inclusive muito incomodado por ser considerado autor daquele dicionário. *Esse é um assunto que hoje só me traz aborrecimento e decepção. Renego este livro* (Ferreira, 1978).

Saiba também que Aurélio (Ferreira, informação verbal, s.d.) fazia restrições ao dicionário de português de Silveira Bueno, editado pelo Ministério da Educação e Cultura (Fename).

A Geologia nos dicionários brasileiros da língua portuguesa

A desatualização do *Caldas Aulete* é particularmente importante para geocientistas porque ele traz um grande número de nomes de minerais que simplesmente inexistem nos manuais de Mineralogia. A Lexikon Editora Digital está promovendo sua atualização, mas editou apenas, até agora, a versão míni.

A qualidade de um dicionário de português pode ser avaliada em parte pelo nível e quantidade de especialistas que participaram de sua organização. O *Aurélio* surgiu com o trabalho de 37 especialistas, incluindo até peritos em charadismo e cruzadismo, capoeira e equitação. Embora conte com bom número de termos técnicos de Geologia, a equipe de especialistas relacionada na obra não inclui nenhum geólogo. Já o de Houaiss contou com a participação de um geólogo e de uma revisora especialista na área de Geociências (Sueli Cardoso de Araújo), que ficou responsável pelos verbetes de Mineralogia do Aurélio a partir da terceira edição.

Contratado por Antônio Houaiss, o autor integrou a equipe de colaboradores externos do seu dicionário, redigindo inicialmente verbetes de Mineralogia, Gemologia e gíria dos garimpos. Posteriormente, redigiu verbetes das demais áreas da Geologia, totalizando este trabalho 3.431 verbetes. Seu trabalho foi aproveitado apenas em parte na obra, seguindo critérios que ele desconhece.

Devido à atuação desses colaboradores especializados, os verbetes ligados às Geociências são bem mais numerosos e provavelmente mais bem redigidos que os do Novo dicionário Aurélio. Porém, isso não impediu que a primeira edição do Houaiss saísse com falhas, algumas clamorosas, como é o caso das definições de esmeralda e de ciclossilicato. Uma relação de falhas mais sérias foi encaminhada pelo autor ao coordenador da equipe editorial, Mauro de Salles Villar. Ele respondeu pronta e atenciosamente, reconhecendo as falhas e pedindo que o autor apontasse tudo o que estivesse mal, refazendo a redação.

Pelos motivos apontados nos parágrafos anteriores, prefira, pois, o Dicionário Houaiss da língua portuguesa.

O USO CORRETO DO DICIONÁRIO

O uso de uma gramática não oferece dificuldades maiores, mas só se obterão de um dicionário todas as informações que ele contém se for usado corretamente.

Normalmente, pensa-se no dicionário como um livro que mostra como se escrevem as palavras e o que elas significam. Na verdade, ele informa muito mais do que isso.

Localização da palavra desejada

A primeira coisa que se deve saber para usar um dicionário é, obviamente, a maneira como as letras são ordenadas. Se não quiser perder tempo, aprenda bem a ordem das letras, incluindo k, w e y.

Procure aprender o alfabeto de trás para diante; é um excelente exercício para a memória e ajuda a achar rapidamente a palavra que se procura num dicionário.

Há duas maneiras de se alfabetar: letra por letra, como se faz em dicionários como o *Houaiss* e o *Aurélio*, ou palavra por palavra, como se vê nas listas telefônicas.

Entende-se por *verbete*, num dicionário, o conjunto dos significados (acepções) que uma palavra possui. *Subverbetes* são verbetes secundários que esclarecem os tipos, divisões, espécies, etc. daquilo que o verbete está designando. Num dicionário como o *Houaiss*, os verbetes são palavras simples. Isso significa que, se alguém quiser saber o significado de *mineral acessório*, deverá procurar o verbete *mineral* e, nele, o subverbete *m. acessório*. (No *Aurélio*, *rocha* tem nada menos que 35 subverbetes.)

As locuções sempre aparecem como subverbetes. Em *mão*, por exemplo, há subverbetes como *mão na roda*, *mão dupla*, *mão pesada*, *com a mão na massa*, etc.

Substantivos compostos constituem verbetes independentes. Não procure *pé-de-cabra* em *pé*. Trata-se de um verbete autônomo, ao contrário de *mão de ferro*, que, como locução, é subverbete de *mão*.

Para localizar o verbete procurado, manuseie o dicionário olhando as palavras que existem bem no alto das páginas, em letras maiores. Elas são o primeiro e o último verbetes daquela página.

Palavras escritas exatamente da mesma maneira podem ter origens diferentes, como é o caso de *aba*. Nesses casos, elas aparecem como verbetes independentes, com uma numeração na forma de expoente (^{1}aba, ^{2}aba, ^{3}aba). É importante saber isso porque, se não se encontrar em um verbete a explicação que se procura, ela pode estar em outro, logo a seguir. O correto é ler sempre o verbete até ao fim ou pelo menos até ter certeza de ter encontrado a definição ou o subverbete correspondente ao caso que motivou a consulta ao dicionário. Lembre-se também de dar uma olhada no fim do verbete. Ali pode haver informações adicionais importantes, como se verá adiante.

A palavra procurada pode não estar no dicionário por várias razões. Pode ser um neologismo, um termo técnico de uso muito restrito ou um regionalismo também de uso limitado. De qualquer modo, há uma regra que vale sempre: as palavras surgem, passam a ser usadas e só depois vão para o dicionário.

Lembre também que os dicionários *só registram os usos linguísticos, não as possibilidades* (Luft, 1970). Assim, se *Aurélio* e *Houaiss* registram *amarronzado*, isso não significa que não se possa usar *amarronado*. Esta forma *existe como possibilidade, está dentro das normas morfológicas.* [...] *É uma derivação parassintética – anexação simultânea de prefixo e sufixo – muito comum em nossa língua* (Luft, 1970).

Natureza dos verbetes

Não pense que um dicionário só traz palavras da língua em que é escrito. O *Aurélio* e o *Houaiss* definem inúmeros termos estrangeiros, que aparecem grafados em itálico (*Houaiss*) ou precedidos de uma seta (*Aurélio*).

Os dicionários apresentam também siglas (Ex.: RJ, Rn, RN, etc.), sufixos e prefixos (precedidos e seguidos de hífen, respectivamente, no *Houaiss* ou após um triângulo preto no *Aurélio*) e até letras simples (os onze primeiros verbetes do *Houaiss* são a letra A, com acento ou sem ele).

Há dicionários que apresentam também gírias e até palavrões dos mais pesados, que muita gente não acredita que possam ser publicados em um livro sério.

Uma palavra pode ter vários significados. Essas diferentes acepções aparecem precedidas de um número. A palavra ¹aba, por exemplo, tem doze significados no *Aurélio*.

No último desses significados, vê-se: 12. Bibliogr. *Orelha (6)*. Isso significa que, em *Bibliografia*, *aba* é sinônimo de *orelha*, e o número 6 entre parênteses indica que a sinonímia existe no que se refere à acepção apresentada nesse número, uma vez que *orelha* tem mais de um significado.

Outras informações fornecidas pelos dicionários

Além do significado da palavra e de sua correta grafia, um bom dicionário informa várias outras coisas. Para entendê-las, conheça o que significam os símbolos e abreviaturas usados pelo autor. Certamente há na obra uma lista com esses significados.

Origem (etimologia) da palavra

Muitas vezes a origem da palavra também é indicada. Esse é um ponto forte do dicionário de Houaiss, que apresenta a etimologia no final do verbete, com a abreviatura *ETIM*. Ex.: *biotita* [Do antr. Biot, de Jean Baptiste Biot, físico francês (1774-1862) + ita].

Os dicionários etimológicos têm por objetivo mostrar exatamente isso.

Classificação da palavra

Indica se a palavra é um substantivo, adjetivo, verbo, etc. O gênero dos substantivos e adjetivos é indicado por *m.* (masculino), *f.* (feminino) ou *2 gên.* (comuns de dois gêneros, como *artista*, *estudante*, etc.).

Palavras como *siluriano* são tanto substantivo (*o período Siluriano, no Siluriano*) como adjetivo (*fóssil siluriano, rochas silurianas*). O dicionário indica isso pelas abreviaturas *adj.* e *s.m.*

Se for um verbo, o dicionário indica se é verbo intransitivo (*v. int.*), transitivo direto (*v. t. d.*), transitivo indireto (*v. t. i.*) ou pronominal (*p.*).

Pronúncia

Frequentemente se veem entre parênteses, no início do verbete, informações sobre a correta pronúncia da palavra. O verbete *butiatuba*, por exemplo, traz, no *Aurélio*, a informação (i-à), mostrando que essas duas vogais devem ser pronunciadas separadamente, pois se trata de hiato.

Na mesma página, o verbete *butiroso* mostra, do mesmo modo, (ô), indicando que o primeiro o tem som fechado, não aberto.

Em *bytownita*, na página seguinte, aprende-se que a pronúncia é *baitaunita*, não *bitaunita*. As palavras estrangeiras têm sempre indicações sobre a pronúncia. O *Houaiss* encaminha o consulente para o verbete *derivado*, a fim de esclarecer sobre a correta grafia nos casos de nomes derivados de nomes próprios estrangeiros.

Plural

Palavras que têm uma só forma para o singular e o plural são indicadas por 2*n.* (dois números). Ex.: *lápis*.

Palavras cujo plural pode ser objeto de dúvida podem ter, no final do verbete, a forma correta de usá-lo. Isso é particularmente útil no caso dos substantivos e adjetivos compostos, cuja formação do plural é bastante complexa.

O verbete *ano-base*, por exemplo, traz, no final, *pl. anos-bases* e *anos-base*; *aldeão* traz *pl. aldeãos, aldeões* e *aldeães*.

Feminino

Os substantivos são dicionarizados no masculino e sua definição é

precedida normalmente da abreviatura s. m. (substantivo masculino) ou 2 gên., se for comum de dois gêneros.
Quando o feminino é anômalo, o *Aurélio* indica-o entre parênteses, em geral no fim do verbete. Como exemplo, pode-se citar *elefante*, no qual se lê *fem.: elefanta*. Não é correto o *fem.* elefoa.

Verbetes principais e secundários

Quando há duas maneiras de designar a mesma coisa, o autor demonstra sua preferência elegendo um verbete principal e remetendo o consulente para este em outro verbete.

Aurélio e *Houaiss* admitem, por exemplo, *enclave* e *encrave*. No primeiro verbete, eles simplesmente remetem o leitor para o segundo e apenas neste apresentam o significado da palavra, demonstrando assim sua preferência por *encrave*. O autor deste guia prioriza o termo *enclave*, por ser a forma mais usada entre os geólogos, enquanto o *Houaiss* declara a predileção por *encrave*, pois *enclave* é considerado galicismo pelos puristas.ww

O filhote do elefante é o elefantil. (Daniel, de cinco anos.)

Pércio de Moraes Branco, *As últimas do Daniel*

5

Transcrições e citações

Na redação de trabalhos técnicos, frequentemente se faz necessário ou conveniente citar dados ou transcrever trechos de outros autores. Apresente essas informações seguindo as regras adiante.

Transcrições

Respeite sempre a integridade do trecho transcrito e, é óbvio, a ideia que o autor quis transmitir. A única modificação admissível é a correção de erros gramaticais.

Use aspas ou itálico (grifo)* nos trechos transcritos. Para citações longas, que são as com mais de três linhas, segundo a ABNT (2002b), são usados, de acordo com essa mesma associação:
a] recuo de 4 cm da margem esquerda;
b] tipo menor que o do restante do texto, redondo (isto é, normal, sem itálico ou negrito) e sem aspas.

Ao transcrever parte de uma frase, adapte a redação da *sua* frase de modo a haver perfeita concordância com aquela que está sendo transcrita.

Ex. (errado): Em seu relatório de viagem, Moraes (1970) ressalta que *tive a oportunidade de falar pessoalmente com o garimpeiro que descobriu a ocorrência.*

Ex. (correto): Em seu relatório de viagem, Moraes (1970) ressalta que *teve a oportunidade de falar pessoalmente com o garimpeiro que descobriu a ocorrência.*

---

*A palavra *grifo* vem de Francesco Griffo, o primeiro a usar esse tipo de letra, em 1501. No início, as letras inclinadas eram chamadas de venezianas ou aldinas. Depois, foram chamadas de itálicas.

Se preferir usar apenas aspas para transcrever trechos com mais de um parágrafo, abra aspas no início de cada um deles, mas só feche no final do último. Isso mostrará ao leitor se ele continua ou não lendo a transcrição.

Se o trecho transcrito estiver identificado por aspas e ele próprio contiver palavras entre aspas (transcrição dentro de uma transcrição, por exemplo), identifique essas palavras por meio de aspas simples (') no início e no fim.

Ex.: Segundo Mendes (1968), "a designação de 'garimpeiro' deriva-se de 'grimpeiro', designação dada originalmente aos homens que grimpavam montanhas para explorar ouro e diamantes".

Se o final de uma transcrição feita com emprego de aspas coincidir com o final de um trecho impresso entre aspas no original, encerre a transcrição com aspas simples e duplas, separadas por um espaço.

Ex.: Segundo Mendes (1968), "a designação de 'garimpeiro' deriva-se de 'grimpeiro' ".

Se, em vez de aspas, for usado itálico, o trecho que ficaria entre aspas simples deverá ser escrito em redondo (e não em itálico).

Ex.: Segundo Mendes (1968), *a designação de* garimpeiro *deriva-se de* grimpeiro, *designação dada originalmente aos homens que grimpavam montanhas para explorar ouro e diamantes*.

O autor prefere itálico a aspas, mas a experiência mostrou-lhe que, em textos destinados a publicação em jornais e revistas, essa distinção geralmente é desrespeitada, publicando-se tudo em redondo.

Se dois ou mais trechos que, no original, aparecem separados forem transcritos um logo após o outro, indique a separação existente no original usando reticências entre colchetes logo após o primeiro deles. No exemplo a seguir, foi suprimido um trecho existente no original entre a primeira frase e a segunda.

Ex.: Com relação à origem das formações rochosas de Vila Velha (PR) e segundo Mendes (1968), *espalhou-se a errônea ideia de que as colunas se formaram à custa do trabalho dos ventos.* [...] *Não se deve persistir em erro tão grosseiro,* pois não há, na região, areia de fácil mobilização.

Assinale claramente palavras suas intercaladas nos trechos transcritos. Veja o exemplo a seguir e compare-o com o anterior.

Ex.: Segundo Mendes (1968), *espalhou-se a errônea ideia de que as colunas se formaram à custa do trabalho dos ventos,* e os dados agora obtidos confirmam que *não se deve persistir em erro tão grosseiro.*

Se você quiser ressaltar palavras do trecho transcrito que no original não mereceram qualquer destaque, use itálico se a transcrição estiver sendo feita em redondo e vice-versa, acrescentando, no final e entre parênteses, junto com as informações de autor e ano, a expressão *grifo nosso* (ABNT, 2002b).

Ex.: Em 79, quando Shigeaki Ueki anunciou oficialmente que havia ouro junto com o cobre em Carajás, a pressão sobre a área aumentou (Kotscho, 1984, grifo nosso).

Caso o trecho transcrito contenha partes grifadas, convém deixar claro que o destaque foi dado pelo autor e não por você. Para isso, ponha, no final, entre parênteses, junto com as informações de autor e ano, a expressão *grifo do autor* (ABNT, 2002b) ou *grifado no original.*

Citações

Quando mencionar, em seu texto, uma informação colhida em uma fonte bibliográfica qualquer, apresente os dados completos dessa fonte, de preferência no fim do texto.

Mencione a fonte usando o sobrenome do autor e, entre parênteses, o ano da publicação, conforme se vê no exemplo da penúltima regra do item "Transcrições".

Quando citar dois ou mais trabalhos de um mesmo autor e publicados no mesmo ano, faça a distinção entre eles usando letras minúsculas após a data.
Ex.: Oliveira (1987a) descreve...
Afirma Oliveira (1987b) que...

Quando citar autores de mesmo sobrenome e cujos trabalhos têm o mesmo ano de publicação, faça a distinção entre eles usando a inicial de seus prenomes.
Ex.: Barbosa, C. (1956)...
Barbosa, O. (1956)...

Precisando citar várias vezes uma mesma obra, pode-se substituir a data pela abreviatura *op. cit. (opus citatum,* isto é, obra citada), desde que fique claro para o leitor de que trabalho se está falando.

Se o autor for citado em seu trabalho após a informação aproveitada, escreva tanto o nome quanto a data entre parênteses, separando-os com vírgula. Nesse caso, a ABNT (2002b) recomenda que o nome do autor seja grafado em maiúsculas.
Ex.: Quando se noticiou que havia ouro junto com o cobre em Carajás, *a pressão sobre a área aumentou* (Kotscho, 1984).

Especificar o número da página em que está contida a informação é necessário em citações diretas e opcional em citações indiretas, segundo a ABNT (2002b). Quando necessário, mencione o número da página após a data.
Ex.: Pércio Branco esclarece que gema sintética é a *gema produzida em laboratório e que tem uma correspondente natural* (Branco, 2008, p. 199).

Quando forem três os autores da obra consultada, use ponto e vírgula (;). Se forem mais de três, use a abreviatura *et al.*, tanto para *et alii* (e outros) quanto para *et aliae* (e outras) e *et alia* (forma neutra, sem correspondente no português).

> Ex.: Fyfe; Turner; Verhoogen, 1958
> Barbosa *et al.*, 1980

Citações de citações devem ser indicadas pelo sobrenome do autor do documento original e, entre parênteses, seu ano, seguido da expressão latina *apud*, vindo a seguir o sobrenome do autor da obra consultada, da qual deve ser apresentada referência bibliográfica completa (ABNT, 2002b).

> Ex.: Castro (1980 *apud* Silva, 1988)...

Informações não impressas obtidas em palestras, debates, etc. devem ser seguidas da expressão *informação verbal*, entre parênteses. A ABNT (2002b) recomenda que se mencionem os dados disponíveis em nota de rodapé.

Informações inéditas obtidas diretamente do autor (por meio de carta, por exemplo) devem ser seguidas da expressão *comunicação pessoal*, entre parênteses.

> Ex.: Houaiss (comunicação pessoal) recomenda o particípio *intruso*.

Trabalhos inéditos em via de ser publicados são identificados pela expressão *no prelo*, colocada também entre parênteses e após o sobrenome do autor.

Se o autor é empresa, órgão público, etc., pode ser citado pela sigla, desde que o significado desta já tenha sido apresentado.

A lista de referências bibliográficas deve ser apresentada de preferência pela ordem alfabética dos sobrenomes dos autores.

6

Traduções

O grande volume de bibliografia editada em língua estrangeira que se usa na área das Geociências não raro gera dúvidas quanto à melhor forma de se traduzirem determinados termos técnicos.
Abordamos, neste capítulo, algumas regras e alguns casos específicos relacionados com o tema.

Traduzir ou não traduzir?

Em caso de dúvida, é sempre melhor conservar a palavra ou expressão na forma original, entre aspas ou grifada, do que traduzi-la mal. *As palavras de ciência são internacionais, inevitáveis, e não convém desfigurá-las, muito menos substituí-las por outras.* (Ribeiro, J. apud Luft, 1975a).

Substantivos derivados de nomes próprios estrangeiros

A tradução deve, em princípio, preservar inalterada a raiz da palavra (o nome próprio), adaptando apenas a terminação. Esse é o caso, por exemplo, de centenas de nomes de minerais e rochas, que conservam inalterada a raiz e recebem as terminações *ita* (minerais) ou *ito* (rochas).

Ex.: *bytownita* (de Bytown), *brookita* (de Brook), *kimberlito* (de Kimberley), *charnockito* (de Charnock), etc.

A tendência da nossa ortografia é aportuguesar os vocábulos estrangeiros. Se o *Volp* registrar apenas a forma aportuguesada, deve-se adotar esta. Se registrar tanto a forma que preserva o radical quanto a aportuguesada, deve-se preferir aquela adaptada ao nosso idioma. Se, entretanto, a forma aportuguesada não for de uso corrente, convém evitá-la, mesmo que seja a única oficialmente aceita. Nomes para os quais já se consagrou a forma aportuguesada são, por exemplo, *estroncianita* (de Strontian, Escócia), *caulim* (de Kao Ling) e os dos elementos químicos exceto rutherfórdio.

Nomes usados tanto na forma que preserva o radical quanto aportuguesada são *allanita/alanita, hedenbergita/hedembergita, illita/ ilita,* entre outros.

Há nomes que são usados só na forma que preserva o radical, ainda que apareçam aportuguesados no *Volp.*

Ex.:
kernita	e não quernita
kunzita	e não cunzita
phillipsita	e não filipsita
skutterudita	e não escuterudita
smithsonita	e não esmitsonita

Vogais tremadas do alemão
As letras A, O e U de nomes alemães, quando tremadas, podem ser escritas da mesma maneira em português ou ser substituídas por AE, OE e UE, respectivamente. Como os programas de computador nem sempre dispõem de trema, prefira a segunda forma.
Ex.: *röntgenita* ou *roentgenita*
köttigita ou *koettigita*
mülleriano ou *muelleriano*

Palavras estrangeiras frequentemente usadas
As palavras adiante relacionadas são algumas das muitas usadas com bastante frequência pelos geólogos. Na sua maioria, não foram ainda aportuguesadas, devendo ser escritas entre aspas ou grifadas. Complete a lista, especialmente com termos usados na sua área de especialização. O processo de aportuguesamento,

seja qual for o campo de conhecimento, não costuma seguir regras rígidas nem se dá dentro de prazos previsíveis. *Iceberg*, por exemplo, é um nome que não foi aportuguesado e que talvez não o seja tão cedo, pois está assim dicionarizado por *Aurélio* e *Houaiss* e já é usado pelo público em geral na forma original. (Em Portugal, fez-se um aportuguesamento parcial: *icebergue*.) *Show* parece destinado a permanecer indefinidamente na forma original, pois nem o *Xou da Xuxa* promoveu sua adaptação ao nosso idioma.

Apressar exageradamente esse processo denota uma xenofobia descabida que facilmente leva ao ridículo. Nesse aspecto, como em matéria de moda, o ideal é não ser o primeiro a aderir nem o último a aceitar.

Autores há, todavia, que defendem incisivamente o aportuguesamento generalizado. É o caso, por exemplo, de Sacconi (1990), que defende, entre outras, as seguintes grafias: *minhom, leiaute, nourrau, niueive, flexe, longuiplei, panque, pleibói, pleigraunde, aicebergue, bum, dísel, dópingue, escripte, eslôgã, esmoquim, esprei, esqueite, estândar, estriptise, cuver, desaine, Frânclin, márquetim, milquexeique, quetechupe, meçanino, píteça, xópingue, xortes, Xeila, Xirlei*, etc.

Se você concorda com ele, faça a adaptação. Em textos técnicos, porém, palavras pouco usuais (ou palavras comuns escritas de modo pouco usual), empregadas em lugar de outras equivalentes e mais familiares, servem apenas para desviar a atenção do leitor e dificultar o entendimento. Nos exemplos do parágrafo anterior, muito provavelmente há palavras que você teve dificuldade para identificar ou que simplesmente não identificou. Considere isso indício seguro de que ainda é cedo para se usar a forma aportuguesada.

Use na forma original, entre outros, os seguintes termos:

augen   *boxwork*
background   *chert*
boudin   *clarke*

cuesta	pinch-and-swell
demoiselle	playa lake
flysch	rank
iceberg	rift-valley
inselberg	schlieren
karst	seepage
mullion	sill (como em Portugal)
offlap	slickenline
oil seep	slickenside
onlap	stock
overlap	stockwork
overlay	tarnish
permafrost	trend

Traduza ou faça o aportuguesamento:

craton	use cráton
crevasse splay	use rompimento de dique marginal
cut off	use teor de corte
fabric	use trama
graben	escreva gráben
horst	use horste
lapilli	use lapíli (paroxítona)
offshore	use costa afora
oxbow lake	use meandro abandonado
pipe	use chaminé
pluton	use plúton ou plutão
run-of-mine	use minério bruto
shear	use cisalhamento
strain	use deformação
stress	use tensão
suite	use suíte (acentuando)
trapp	use armadilha

Outros casos

Angström

O *Houaiss* aceita *ångström, angström* e *angstrom*, e o *Volp* aceita *angström* e *angstrom*. Prefira a última forma por ser a mais simples.

Canyon

O *Houaiss* registra as traduções *cânion* e *canhão*, recomendadas pela *Revista Brasileira de Geociências*, e dá preferência à segunda, que não é usada pelos geólogos brasileiros. Prefira *cânion* ou a forma original.

Chatoyance

Existe a tradução *acatassolamento*, não dicionarizada por *Aurélio* nem por *Houaiss* e pouco usada. Prefira a forma original.

Emplacement

Ainda não apareceu uma boa tradução. Alguns autores usam *emplaçamento*, outros, *colocação*, e Antônio Houaiss (comunicação pessoal, 1989) sugeria *localização,* que ninguém usa e que não entrou no seu dicionário. Prefira a forma original.

Gêiser/geyser

O *Houaiss* prefere a forma original (*geyser*), com a pronúncia *gaiser*, mas reconhece a existência da forma aportuguesada *gêiser*, esta *nos meios escolares do Brasil*. O autor prefere e tem ouvido com mais frequência a forma aportuguesada.

Grade

Aurélio e *Houaiss* registram *greide*, mas com outro significado. Use a forma original.

Greisen

Essa palavra vem do alemão *greis* (velhice), em alusão ao aspecto *grisalho* da rocha. *Greis* faz o plural *greise* e, para a tradutora Lya Luft (comunicação pessoal, 1991), o N final deve ser uma corruptela. Como o termo não tem sido aportuguesado (*graisem*), ela recomenda que se mantenha a forma original, tanto no singular quanto no plural (o *greisen*, os *greisen*).

Intruded

Alguns autores traduzem como *intrudido*, outros, como *intruído* ou *intrusionado*. O *Aurélio* registrou o verbo *intrudir*, o que autoriza usar *intrudido* (mas não registrou *intruir* e *intruído*, usados pelos dentistas). Houaiss (comunicação pessoal, 1989, 1990) recomendava o particípio irregular *intruso*, que, embora não usado, é uma forma plenamente aceitável. (Um mineral que ocorre na forma de inclusão está *incluso*; logo, uma rocha que ocorre na forma de intrusão está *intrusa*.) Use, pois, *intruso* com os verbos ser e estar, *intrudido* com ter e haver e *intrudir-se*.

Ex.: O granito *intrudiu-se/está intruso/aparece intrudido* nos xistos.

Kappameter

Seria fácil traduzir para *capâmetro*, mas ninguém o faz. Use na forma original.

Lato sensu

Use na forma original ou traduza para *em sentido lato*. *Sensu lato* está errado.

Loess

O *Aurélio* prefere *loesse*. Use na forma original, que está no Houaiss e é também adotada em Portugal.

Marker

Pode usar a forma original, mas prefira traduzir para *marco*, *camada-guia* ou *horizonte-guia*.

Roof pendant

Alguns geólogos têm traduzido para *teto pendente*, que não nos parece uma boa tradução. Use no original e pronuncie *ruf pandã*. (Ver item "Roof pendant" no Cap. 17, p. 140.)

Stricto sensu

Use na forma original ou traduza para *em sentido restrito*. *Sensu strictu* está errado.

Till

Embora *Aurélio* e *Houaiss* registrem *tilito* para a rocha, use *till* para o sedimento.

Topônimos em referências bibliográficas

Escreva sempre na forma utilizada no documento. Ex.: London, New York, Tokyo, etc.

Falsos cognatos

O inglês, o espanhol e outros idiomas possuem um bom número de palavras que se assemelham a vocábulos da nossa língua na forma, mas com significado bem diferente, até oposto, às vezes. Em alguns casos, a palavra tem dois significados, um igual ao que possui no português, mas o outro, mais usado, diferente.

Leia as relações a seguir e procure aprender essas traduções. Enriqueça as listas com palavras enganosas que você já encontrou ou que venha a encontrar em suas atividades profissionais. Mande-nos sua relação para ser incorporada na próxima edição deste guia.

Anote de preferência termos usados em nossas atividades técnicas, mas lembre que, para nossos colegas que trabalham ou trabalharão no exterior, palavras do cotidiano também poderão ser úteis.

As listas podem incluir alguns casos de palavras que são, de fato, cognatas, mas que têm significados bem diferentes.

Espanhol	Português
acordar	lembrar-se
alcanzar	conseguir
aparato	aparelho
apellido	sobrenome (*sobrenombre* = apelido)
arena	areia
asignatura	disciplina
aula	classe (*classe* = aula)
billón	trilhão
*blanco**	alvo, objetivo (também branco)
bolsa	sacola
bolso	bolsa
borrar	apagar
brincar	pular
buen	bom (*bien* = bem)
cachorro	filhote (*perro* = cachorro)

carretera	estrada
cambio	troco (em dinheiro), troca
carro	charrete (*coche* = carro)
caza	caça (*casa* = casa)
cena	jantar
cerrar	fechar
classe	aula (*aula* = classe)
coche	carro, automóvel
comedor	restaurante
contestar	responder
criatura	criança
cubiertos	talheres
desabrochar	desabotoar
desarrollarse	desenvolver-se
dirección	endereço
diseño	projeto
distinto	diferente (*distinguido* = distinto, ilustre)
enojado	zangado
entretanto	por enquanto
escoba	vassoura
escritorio	escrivaninha, mesa de trabalho (*oficina* = escritório)
exquisito	excelente
fechada	datada (*cerrada* = fechada)
ganancia	lucro
gato	macaco (de automóvel)
habitación	quarto
hormigón	concreto (subst.)
interés	juros
inversiones	investimentos
judias	feijão
jugo	suco
largo	longo (*ancho* = largo)
lista (adj.)	pronta
manta	cobertor
mayor	mais velho (*más grande* = maior)
nadie	ninguém (*nada* = nada)
oficina	escritório (*taller* = oficina)

TRADUÇÕES | 43

ofuscar	enfurecer
padre	pai (cura, sacerdote = padre)
papa	batata-inglesa
plancha	ferro de passar roupa
pegar	bater
polvo	pó, poeira
por supuesto	naturalmente
presa	represa, barragem
presunto	suposto
presupuesto	orçamento
pronto	logo
quitar	tirar
rato	momento, instante (ratón = rato)
recto	reto
reto	desafio, repto
rojo	vermelho (violeta = roxo)
rubio	loiro
saco	casaco
salada	salgada (ensalada = salada)
sin embargo	mas, porém
sitio	lugar, local
sobre	envelope
sobrenombre	apelido, alcunha (apellido = sobrenome)
suceso	acontecimento
taza	xícara
taller	oficina
tirar	arremessar, jogar (sacar = tirar)
todavia	ainda (aún = ainda)
tracionar	trair
vaso	copo
zueco	tamanco
zurdo	canhoto

Inglês	Português
absolutely	certamente, sem dúvida
abstract (subst.)	resumo, extrato
abuse (subst.)	insulto

* Em português, é a palavra alvo que tem esse duplo significado.

actual, actually	real, realmente (*nowadays* = atualmente)
adept	perito, especialista
aggravate, to	irritar, exasperar (também agravar)
alumns (pl. alumni)	ex-aluno
apology	desculpa
apparatus	aparelhagem
application	pedido, requerimento (também aplicação)
appoint, to	estabelecer
appointment	encontro
argument	discussão conflituosa
arm	braço (*weapon* = arma)
armory	arsenal
army	exército (*weapon* = arma)
assume, to	pressupor, admitir
balance, to	pesar, equilibrar
balcony	camarote (*counter* = balcão)
barrack	quartel
block	quadra, quarteirão
camp	acampamento (*field* = campo)
carnival	parque de diversões (também Carnaval)
carton	caixa de papelão, pacote
casualties	baixas, perdas
china (subst. comum)	porcelana
cigar	charuto (*cigarrette* = cigarro)
classified	secreto, sigiloso
collar	colarinho, gola, coleira (*necklace* = colar)
college	faculdade (*highschool* = colégio)
commodity	produto primário
compact (subst.)	acordo formal, pacto
compass	bússola (também compasso musical; *compasses* = instrumento de desenho)
compliment	elogio, galanteio
comprehensive	amplo, extenso, abrangente (*sympathetic* = compreensivo)
confident	confiante (também confidente)
consistent	coerente
content (subst.)	conteúdo
copy	exemplar (de jornal, revista, etc.)

TRADUÇÕES | 45

corn	milho (horn = corno)
customs	alfândega
deception	ilusão, engano (disappointment = decepção)
dedicate, to	inaugurar (nos EUA); também dedicar
devolve, to	transferir, transmitir (to return = devolver)
directory	lista de nomes e endereços
disgust	nojo, aversão (displeasure = desgosto)
disparate	diverso (nonsense = disparate)
disprove, to	refutar (to disapprove = desaprovar)
editor	redator (publisher = editor)
enroll, to	matricular, inscrever (to roll up = enrolar)
estate	propriedade, imóvel (state = estado)
eventual, eventually	final, finalmente (fortuitous = eventual)
exit	saída (success = êxito)
exquisite	requintado, aprimorado, apurado (odd = esquisito)
extenuate, to	atenuar, diminuir, ocultar (to tire out = extenuar)
fabric	textura, trama, tecido (factory = fábrica)
faculty	corpo docente (também faculdade, capacidade)
figures	cifras (também figuras, formas)
finally	completamente (também finalmente)
fork	garfo (gibbet = forca)
gratuity	gorjeta, gratificação (gratuitousness = gratuidade)
hazard	risco (bad luck = azar)
highschool	colégio (Ensino Médio)
inflammatory	insuflador, provocador (também inflamatório)
inhabitable	habitável (Atenção! Uninhabitable = inabitável)
injury	prejuízo, ferimento (offense = injúria)
interest	juro (também interesse)
intoxicate	embriagado (poisoned = intoxicado)
introduce, to	apresentar alguém a outrem (também introduzir)
jest	zombaria, gracejo (gesture = gesto)
journal	revista, periódico (newspaper = jornal)
just	mal, apenas

lecture	palestra, conferência, discurso, reprimenda (*reading* = leitura)
large	grande, amplo (*wide* = largo)
library	biblioteca (*bookstore* = livraria)
liquidation	falência (*settlement* = liquidação comercial)
liquor	bebida alcoólica (*liquer* = licor)
magazine	revista
mayor	prefeito (*greater* = maior)
medicine	remédio (também Medicina)
morose	mal-humorado, rabugento (*slow* = moroso)
notice	aviso, comunicação (*new* = notícia)
novel	romance (*tale* = novela; *soap-opera* = novela de TV)
office	escritório (*occupation, official letter* = ofício)
official	funcionário (em geral do governo)
oration	discurso formal (*prayer* = oração, reza)
paper	ensaio, artigo, trabalho escolar (também papel)
parents	pais (*relatives* = parentes)
parking	estacionamento
paste	massa, cola (mas *tooth paste* = pasta de dente)
patrol	patrulha
patron	patrocinador de artes; padroeiro; cliente (*master, boss* = patrão)
Physic	Medicina (*Physics* = Física)
physician	médico (*physicist* = físico)*
plant	usina, fábrica (também planta)
policy	política, prudência (*police* = polícia; *politics* = Política)
pretend, to	fingir (*to intend* = pretender)
principal	diretor de uma escola (*main* = principal)
procure, to	conseguir, obter (*to look for* = procurar)
push, to	empurrar (*to pull* = puxar)
race	corrida, curso de água (também raça)
rare	raro (mas também malpassado, mal-assado)
realize, to	perceber, dar-se conta (*to fulfil* = realizar)
record, to	registrar, gravar (*to remember* = recordar)
relative (subst.)	parente (como adjetivo = relativo)

remark, to	notar, observar, ponderar, comentar (to re-mark = remarcar)
resume, to	retomar, continuar, recomeçar (to summarize = resumir)
retire, to	aposentar-se (to withdraw, to remove = retirar)
retribution	castigo, punição (também retribuição)
romance	namoro (novel = romance)
ruins	ruínas
save, to	economizar, poupar (também salvar)
scholar	pessoa ilustrada, erudito, intelectual
sensible	sensato, razoável (sensitive = sensível)
silicon	silício (também silicone)
so long	até logo
sort	espécie, tipo (luck = sorte)
spirits	bebida alcoólica (spirit = espírito)
stamp	selo (também estampa)
subscription	assinatura de jornal ou revista (também subscrição)
support, to	apoiar (to bear = suportar)
sympathetic	compreensivo, solidário (winsome, nice = simpático)
tint	matiz, tom (ink, paint = tinta)
tire	pneu (strip = tira)
traduce, to	difamar (to translate = traduzir)
truck	caminhão (trick = truque)
tub	banheira (tube = tubo)
tutor	professor particular (guardian = tutor)
virgule	barra (/) (comma = vírgula)

Português de Portugal

Embora brasileiros e portugueses falem o mesmo idioma, não são poucas as diferenças que existem entre o modo de escrever ou mesmo de denominar certas coisas aqui e lá.

Essas diferenças aparecem também nas Geociências, como se vê nos exemplos a seguir.

* O romance *The Physician* conta a história de um médico, mas foi editado no Brasil com o título *O Físico*.

As terminações -*ita* e -*ito*, que usamos para minerais e rochas, respectivamente, os portugueses substituem muitas vezes por -*ite*, passando o substantivo para o gênero feminino.

Português brasileiro	Português europeu
actinolita	actinoto
albita	albite
andesito	andesite (s. f.)
anfibólio	anfíbole ou anfíbola
anortoclásio	anortose
antracito	antracite
arco de ilhas	arco insular
arcósio	arcose ou arkose
argônio	árgon
autunita	autunite
basculamento	báscula
biotita	biotite
calcita	calcite
calcolita	chalcolita
Caledoniano (ciclo)	Caledónico
Cambriano	Câmbrico
Carbonífero (período)	Carbônico
carst	carso
cárstico	cársico
caulinita	caulino
cinturão orogênico	cintura orogênica
clorita	clorites
conduto (vulcânico)	conduta
coríndon ou córindon	corindo
cráton	cratão ou crato
crisotilo	crisótilo
crocidolita	crocidólito
cromo	crómio (também cromo)
crosta	crusta (também crosta)
Devoniano	Devónico
diabásio	diábase
diopsídio	diópsido

diorito	diorite (s. f.)
direção	direcção
distênio	distena
dolomita	dolomia, dolomite
elétron	eletrão
Eoceno	Eocênico
derrame (de lava)	escoada
escudo	soco (quando dobrado)
espodumênio	espodumena
estágio	estádio
estaurolita	estaurótida
estibinita	estibina
estirâncio	estirão
Everest	Evereste
ferromagnesiano	fenomagnésico
filito	filádio, filade (também filito)
flysch	fliche
gêiser	géiser
geodo	geode
gnaisse	gneisse
grauvaca	grauvaque
Groenlândia	Gronelândia
halita	halite
Herciniano	Hercínico
hornblenda	horneblenda
iceberg	icebergue
ignimbrito	ignimbrite
impacto	impacte
íon, íons	ião, iões
laterita	laterite
latito	latite (mas traquito, andesito)
linhito	lignite
litossiderito	litossiderite
madeira silicificada	madeira silicada
manganês	manganés
marcassita	marcassite
microclínio	microclina
Mioceno	Miocénico

molassa	molasso
molibdênio	molibdite
morena	moreia
natrolita	natrólito
Neoceno	Neogénico
Ordoviciano	Ordovícico
ortoclásio	ortose ou ortoclase
ouro-pigmento	auripigmento
Paleoceno	Paleogênico
pectolita	pectólito
pedolita	pedólito
pediplano	pediplanície
pegmatito	pegmatite (s. f.)
peridotito	peridotite (s. f.)
Permiano	Pérmico
Permocarbonífero	Uralo-Pérmico
pirita	pirite
piroclasto	piroclastite
piroxênio	piroxena
plagioclásio	plagioclase
Plioceno	Pliocénico
Pré-Cambriano	Pré-Câmbrico
preamar	preia-mar
quartzo enfumaçado	quartzo defumado
retilíneo	rectilíneo
rift	rifte
riolito, riólito	riolite (s. f.)
rutilo	rútilo
Saara	Sara
sardônix	sardônia
siderita (mineral)	siderose
siderito (meteorito)	siderite
sienito	sienite (s. f.)
silicoso	silicioso
Siluriano	Silúrico
skutterudita	escuterudite
suspenso (vale, sinclinal)	alcandorado
tectito	tectite (s. f.)

TRADUÇÕES | 51

terremoto
Triássico
Variscano
varvito
zeolita, zeólita

terramoto
Triásico ou Trias
Varisco
varva
zeólito

Fora do campo das Geociências, ainda maiores são as diferenças entre o português brasileiro e o português europeu. Alguns exemplos:

Português brasileiro	Português europeu
abotoadura	botão de punho
açougue	talho
aeromoça	hospedeira de bordo
arquivo (de computador)	ficheiro
banheiro	casa de banho
bonde	elétrico
café com leite (pequeno)	garoto
calcinha (de mulher)	cuecas
chope	imperial
criança	miúdo
dar o fora	pôr-se a cavar
dizer mentira	pregar uma peta
encher os pneus	bufar os protetores
esparadrapo	adesivo
ferrovia	caminho de ferro
grampo	gancho
guarda-chuva	chapéu de chuva
jornaleiro	ardina
loja de armarinhos	capelista
meia de náilon	meia de vidro
menino	puto
mingau	caldo de farinha
moça (ver prostituta)	rapariga
mouse de computador	rato
não ligar	estar nas tintas
papel-carbono	papel químico
ponta de cigarro	beata
presunto	fiambre

prostituta	moça
sanduíche	prego
ser cínico	ter lata
suéter	camisola
sujeito formidável	tarado
terno (roupa)	fato
trem	comboio
vá em frente	vá a direito
ventilador	ventoinha

> Diz-se de quem começou a ser educado que tem as primeiras letras. Elas são pobres e insuficientes, mas é preferível tê-las do que só ter as últimas. O que se pode fazer com o V, o X e o Z? Postas lado a lado, não exprimem qualquer som conhecido ou desejável. Separadas do resto do alfabeto, como os vagões desgarrados de um trem, são soturnas e vazias. Duras, angulares, feias, antipáticas. O V ainda tem algo que o redime, pelo menos do ângulo parcial de um Verissimo, mas as outras duas só estão no alfabeto para nos intimidar. Foram colocadas por último justamente para não desanimar as crianças que, na sua alegre incursão pelas primeiras letras – o A amigável, o B barrigudo, o C cantor –, nem imaginam o que as espera lá no fim.
>
> VXZ. Não é um grupo de letras, é um lamento. Desconfio que tiraram o Y do nosso alfabeto porque ele pediu para sair, desesperado com a vizinhança. Aqueles dois braços do Y no ar eram uma súplica. Me tirem daqui! Já O W era o M de pernas para o ar, o M morto, e foi tirado por uma questão de higiene.
>
> Algumas letras são assustadoras. O K, por exemplo. Por alguma razão, independente do Kafka, ele adquiriu uma conotação ameaçadora, um ar de mistério e maus presságios. Algo a ver com sua postura militar. Este foi tirado por precaução. Pelo menos em português, não existe mais o perigo do K dar um golpe no alfabeto. Ou assombrá-lo.
>
> Luis Fernando Verissimo, "Primeiras letras"

7

Nomes de minerais

Pela frequência com que são empregados, os nomes de minerais merecem especial atenção. Este capítulo apresenta algumas regras específicas para essas palavras.

Para escrever corretamente nomes de minerais e rochas, além de outros termos geológicos, leia também o que se diz no item "Substantivos derivados de nomes próprios estrangeiros" (Cap. 6, p. 35).

Terminações -ita e -ito

Não use, para nomes de minerais, a terminação -ite, embora ela seja empregada por geólogos de Portugal e tenha sido adotada também no Brasil, antigamente.

O uso atual é -ita para minerais e -ito para rochas, ainda que o Volp registre *paligorskite*, por exemplo.

Usa-se comumente *grafite* para designar o material utilizado nos lápis; em Mineralogia, porém, usa-se *grafita*.

Minerais com dupla denominação

Alguns minerais possuem dois ou mais nomes, dos quais deve ser usado aquele reconhecido pela International Mineralogical Association. A lista a seguir apresenta alguns desses casos.

Use:

allanita	e não ortita
analcima	e não analcita
anatásio	e não octaedrita
arsenopirita	e não mispíquel
asbesto	e não amianto
bromargirita	e não bromirita
celestina	e não celestita

cianita	e não distênio
clorargirita	e não cerargirita
cordierita	e não iolita
egirina	e não acmita
esfalerita	e não blenda
esferocobaltita	e não cobaltocalcita
estibinita	e não antimonita
estilbita	e não desmina
ferro-hornblenda	e não barkevikita
grossulária	e não grossularita
hastingsita	e não ferro-hastingsita
hematita	e não oligisto
hemimorfita	e não calamina ou smithsonita [para $Zn_4Si_2O_7(OH)2 \cdot H_2O$]
hidrozincita	e não calamina [para $Zn_5(CO_3)_2(OH)_6$]
iodargirita	e não iodirita
kernita	e não quernita
kunzita	e não cunzita
magnesiorriebeckita	e não bababudanita
magnesita	e não giobertita
mordenita	e não ptilolito
niquelina	e não nicolita
nitratina	e não salitre do chile
nontronita	e não cloropala
palygorskita	e não attapulgita
phillipsita	e não filipsita
pumpellyita	e não clorastrolita
schorlita	e não afrizita
skutterudita	e não escuterudita
smithsonita	e não calamina ou hemimorfita [para $ZnCO_3$]
spessartina	e não espessartina, espessartita ou spessartita
tetraedrita	e não panabásio
titanita	e não esfênio
uranomicrolita	e não djalmaíta
vesuvianita	e não idocrásio
zircão	e não zirconita

Use *cristal de rocha* e não apenas *cristal* para designar o quartzo incolor.

Evite os nomes comerciais, tão frequentes no comércio de gemas, usando:

    citrino   e não topázio-rio-grande, topázio-baía, etc.
    diamante e não brilhante (Ver item "Diamante/brilhante" do Cap. 8, p. 62.)
    prasiolita e não ametista verde

Prefira:

alcalifeldspato	a K-feldspato
barita	a baritina ou baritita
calcocita	a calcosina ou calcosita
feldspato alcalino	a K-feldspato
feldspato potássico	a K-feldspato
fenaquita	a fenacita
galena	a galenita
gipsita	a gipso ou gesso
quartzo enfumaçado	a quartzo fumé
zircônia cúbica	a zircônia

Muscovita ou moscovita?

Segundo Back e Mandarino (2008), que seguem as decisões da International Mineralogical Association, deve-se escrever *muscovita*, e é assim, com *u*, que se escreve em inglês e francês. Em espanhol, porém, escreve-se *moscovita*.

A quinta edição do *Volp*, da Academia Brasileira de Letras, registra as duas formas. O *Houaiss* também aceita as duas, mas prefere *muscovita*.

Use então *muscovita*, que, além de ser a forma preferida de Antônio Houaiss, é a mais usada pelos geólogos brasileiros e a recomendada pela *Revista Brasileira de Geociências*.

Rutilo/rutílio

Os geólogos brasileiros usam sempre *rutilo*, mas *Aurélio* e *Houaiss* preferem *rutílio*.

Pertita/perthita

Os geólogos usam *pertita*, como registrado pelo *Aurélio*. O *Houaiss*, porém, registra *perthita*, forma mais correta, já que deriva de Perth (Canadá).

Sardônix/sárdonix/sardônica

O *Aurélio* registra *sardônica*, que os geólogos não usam. O *Houaiss* registra como proparoxítona (*sárdonix*), forma que ao autor parece estranha (vem de sárdio + ônix) e que também não é usada no meio geológico. Os geólogos e gemólogos usam *sardônix*.

ESCREVA

água-marinha	e não água marinha
cabazita	e não chabazita
calcedônia	e não calcedônea
caulinita	e não caolinita
cleavelandita	e não clevelandita
crisólita	e não crisolita
egirina	e não aegirina
esfalerita	e não esfarelita
espato da islândia	e não espato de islândia
estibinita	e não stibinita ou estibnita
estilbita	e não stilbita
gibbsita	e não gibsita
grafita	e não grafite
lápis-lazúli	e não lápis lázuli
laumontita	e não lawmontita
montmorillonita	e não montmorilonita
microclínio	e não microclíneo, microclina
ônix	e não onix
pedra-sabão	e não pedra sabão
rubelita	e não rubilita

NOMES DE MINERAIS | 57

sal-gema   e não sal gema
scheelita   e não cheelita, xelita ou xilita*
turquesa   e não turqueza
volfrâmio   e não wolfrâmio
volframita   e não wolframita
willemita   e não vilemita
zoisita   e não zoizita

* O *Houaiss* registra *cheelita* e *scheelita*, preferindo a segunda forma. O *Aurélio* registra equivocadamente *scheelita* e *xeelita* como verbetes independentes. O *Volp* registra *cheelita* e *xilita*, este, porém, com outro significado. Use a forma original, *scheelita*, como se faz inclusive em Portugal.

Para saber a correta grafia de outros nomes de minerais, consulte o *Vocabulário*, no final deste guia. Não encontrando ali o nome procurado, consulte o *Volp*, dicionários de português ou obras técnicas como o *Dicionário de Mineralogia e Gemologia*, de Branco (2008), ou o *Fleischer's glossary of mineral species*, de Back e Mandarino (2008).

NOMES TERMINADOS EM -ÊNIO

Use a terminação *-ênio* para:

arsênio	esfênio	leucoxênio
botriogênio	espodumênio	piroxênio
distênio	hiperstênio	polixênio

NOMES TERMINADOS EM -GITA

Há um grande número de nomes de minerais que têm a terminação *-gite* em inglês. São todos ou quase todos derivados de nomes próprios terminados em *g*. Ex.: *langite* (de Lang), *rammelsbergite* (de Rammelsberg), *hedenbergite* (de Hedenberg), etc.

Esses nomes são traduzidos normalmente, substituindo-se a terminação *-gite* por *-gita* (pronúncia palatal) ou *-guita* (pronúncia gutural). Use a que preferir.

AS TERMINAÇÕES -IO E -NA

Alguns nomes de minerais terminados em -io são escritos em Portugal com a terminação -na.

Ex.:

No Brasil	Em Portugal
distênio	distena
espodumênio	espodumena
microclínio	microclina
piroxênio	piroxena

Nesses casos, use a forma usualmente empregada no Brasil.

OUTRAS REGRAS

Observe a correta separação silábica de *quartzo* e *feldspato*: quart-zo; felds-pa-to.

Sobre o emprego do hífen em nomes de minerais, ver item "Hífen em nomes de minerais e rochas" (Cap. 10, p. 95).

Como se viu, os nomes de minerais devem ser escritos com inicial minúscula.

PARECIDO NÃO É IGUAL

Há minerais cujo nome se assemelha ao de outra espécie ou variedade. Veja, na lista a seguir, os nomes que requerem atenção por esse motivo.

Aqueles em negrito correspondem a espécies minerais válidas; os demais são principalmente variedades ou nomes obsoletos. Não confunda:

adamita com haddamita
akermanita com **eckermannita**
alaíta com alalita
alita com **halita**
aloisiita com **halloysita**
alurgita com **halurgita**

anthoinita com **anthonyíta**
antofilita com antopilita
argentina com **argentita**
azorita com azulita, **azurita** e azurlita

baricita com **barilita** e
barissilita
basanita com **bassanita**
bayerita com **beyerita**
beckelita com **beckerita**
benstonita com **bentonita**
berzelianita com **berzeliita**
bismutinita com **bismutita**
brasilianita com **brasilinita**
brockita com **brookita**

cahnita com **cainita**
calilita com **calinita** e **kalininita**
callainita com **callianita**
carbapatita com **carpatita**
cebollita com **cerbolita**
chaoíta com **charoíta**
chesterita com **chesterlita**
chileíta com **chilenita**
churchillita com **churchita**
cohelita com **cohenita**
crednerita com **krennerita**
crisólita com **crisotila**
dahllita com **dalyita**
danburita com **danburyta**
daubreeíta com **daubreelita**
davidsonita com **davisonita**
diálaga com dialágio

edenita com hiddenita
eggletonita com **eglestonita**
eifelita com **eitelita**
elita com **elyita**
emmonita com **emmonsita**
endeiolita com **endellionita**
eschwegeíta com **eschwegita**
espartaíta com **espartalita**
estaurolita com starolita

estiblita com **estilbita**
estroncianapatita com
estroncioapatita

faheyita com **fahleíta**
ferrossahlita com **ferrosselita** e
ferrossilita
forcherita com **foucherita**
francolita com **franconita**

geschenita com **goshenita**
goldschmidtina com
goldschmidtita
graftonita com **gratonita**
grothina com grothita e
groutita

hellandita com **heulandita**
hexaedrito com **hexa-hidrita**
hibbenita com **hibonita**
hillita com **illita**

indianaíta com indianita

jamesita com **jamesonita**
janosita com **jarosita**
jaspe-opala com **jaspopala** e
opala-jaspe
johnstonita com **johnstonotita**
jusita com **justita**

kanoíta com **kanonaíta**
karpinskita com **karpinskyita**
kasoíta com **kasolita**
kerstenita com **kertschenita**

langbanita com **langbeinita**
laubanita com **laubmannita**

lazulita com lazurita

magnalita com **magnolita**
malanita com **melanita**
malladrita com **mallardita**
melkovita com **melnikovita**
milarita com **millerita**
misenita com **miserita**
mohrita com **mooreíta** e mourita
molibdenita com **molibdomenita**
nevskita com **nevyanskita**
novakita com **nowackiita**

octaedrita com octaedrito
orientita com orintita

palmerita com **palmierita**
paulkellerita com **paulkerrita**
pennantita com **tennantita**
perovskina com **perovskita**
pierrotita com **pirrotita**
pingguíta com pinguita
pirofânio com **pirofanita**
planerita com **plattnerita**
polialita com polianita

raguinita com raguita
raíta com **rayita**
rankinita com **ranquilita**
saponita com saponito
schaferita com **schefferita**
selwynita com **silvanita**, silvinita e **sulvanita**
simonita com simonyita
sincosita com **sinquisita**
smithita com **smythita**
studtita com sturtita

thallita com thulita
tirodita com **tirolita**
torortita com **torutita**

ugandita com ugrandita
utahita com utahlita

vanuralita com **vanuranilita**
vinchita com **winchita**
violaíta com **violarita**
viridina com viridita
voggita com **voglita**

whiteíta com **witherita**

zirkelita com **zirklerita**

A televisão estava mostrando cenas do musical Evita, que ia estrear em breve. A certa altura, os figurantes gritavam: *Evita! Evita!*
Bianca, de seis anos, ouvindo tudo atenta, não entendeu aqueles gritos e perguntou ao pai:
– Evitar o quê, pai?

Pércio de Moraes Branco, *As últimas da Bianca*

8

O CORRETO EMPREGO DE ALGUMAS PALAVRAS

São muitas as palavras que nos deixam em dúvida com relação ao significado ou modo de emprego, sejam termos técnicos ou não. Neste capítulo, apresentam-se algumas daquelas em que costumamos tropeçar com mais frequência.

TERMOS TÉCNICOS

Acamamento/acamadamento

O *Volp*, o *Aurélio* e o *Houaiss* registram *acamamento*, mas não *acamadamento*. Este é, porém, um daqueles casos em que a palavra, como ensinava Celso Luft (1970), *existe como possibilidade, está dentro das normas morfológicas* e pode, portanto, ser usada.

Bandado/bandamento

Aurélio e *Houaiss* não registram *bandado* ou *bandeado*, nem *bandamento* ou *bandeamento*. Mas registram *bandar*, significando *prover de banda* (faixa, lista). Prefira, portanto, *bandado* e *bandamento*.

Branco/incolor

Não cometa o erro primário de chamar de branco o que é incolor. *Branco* é o corpo que reflete todas as cores; *incolor* é o que deixa passar todas as cores. Um corpo branco é necessariamente opaco; um corpo incolor é necessariamente transparente (mas não use *transparente* querendo dizer *incolor*).

Cadastro/Cadastramento

Cadastro não é sinônimo de *cadastramento*. *Cadastramento* é o trabalho de preparação de um *cadastro*. Assim como a amostragem gera amostras, o cadastramento gera cadastros.

Do mesmo modo, a orçamentação gera orçamentos. (E não acredite se lhe disserem que não há, na língua portuguesa, palavra com mais de um cê-cedilha.)

Calc(i)(o)-/calc(o)-

Os prefixos calci- e cálcio- significam cálcio; calc- e calco- (do gr. chalkós) significam cobre.

Escreva, portanto: calciossilicatado ou calcissilicatado, calcioalcalino ou calcialcalino, calcícola, calcificado, calcioterapia, mas calcografia, calcopirita, calcófilo, etc.

Calor/quente, temperatura/caloria, quente/frio

Se a temperatura ambiente está alta, diz-se que está quente, não que está calor. Mas pode-se dizer que está fazendo calor.

Se um objeto ficou mais quente, diz-se que aumentou sua temperatura, não sua caloria.

A temperatura não é quente ou fria. Ela é alta ou baixa, como os preços. Quentes ou frios são os dias, os climas, os objetos, etc.

Não fale em febre alta ou baixa, tampouco em muita ou pouca febre. Quem varia é a temperatura do paciente, não a febre. A temperatura é alta ou baixa; a febre, não.

Carta/mapa

A diferença entre carta e mapa é assunto controvertido, mas é geralmente aceito que mapa é um documento que abrange uma área na sua totalidade, enquanto carta é um conjunto de folhas articuladas que retratam a área total quando reunidas.

Ex.: Mapa Geológico do Brasil
Carta do Brasil ao Milionésimo

Diamante/brilhante

O diamante é um mineral, uma pedra preciosa. O brilhante é um

O CORRETO EMPREGO DE ALGUMAS PALAVRAS | 63

tipo de lapidação usado para diamantes e outras gemas. Só se pode chamar um diamante de brilhante se ele estiver lapidado daquela forma e todos os outros minerais devem ser chamados pelo seu próprio nome, mesmo quando têm lapidação brilhante (ABNT, 1989b).

Dureza alta ou baixa

Evite escrever que os minerais são *moles* ou *duros*. Descreva-os em termos de *alta dureza* ou *baixa dureza*.

Ex.: Topázio e berilo têm alta dureza; talco e clorita têm dureza baixa.

Escala

Antes de uma escala não use a preposição *de*.

Ex.: A escala é 1:100.000 (e não A *escala é de* 1:100.000).

Evite usar a escala para definir a abrangência de uma folha, pois teoricamente se podem mapear as folhas em qualquer escala. A folha SG.22-Z-D-V é a folha Florianópolis 30' x 30' (e não *folha Florianópolis* 1:100.000).

Quanto *menor* o denominador, *maior* a escala, e quanto *maior* o detalhe, *maior* também a escala. A escala 1:100.000 é *maior* que a escala 1:250.000, e 1:1.000.000 é uma escala de mapeamento muito *pequena*.

Explorar e exploração

Use *exploração* para designar a fase do trabalho geológico que envolve sondagem, abertura de trincheiras, etc. Para a fase de extração do minério, use *explotação* ou, melhor ainda, *lavra*.

Ex.: Encerrada a fase de *red.*, passou-se de imediato a fazer o cálculo das reservas, que mostrou a viabilidade da lavra a céu aberto.

Face/faceta

Ao descrever um cristal, fala-se em *faces* cristalinas. Quando se trata de uma gema lapidada, fala-se em *facetas*.

Folha/quadrícula

Uma carta, conforme foi definido no item "Carta/mapa", é formada por várias folhas. As folhas que têm iguais dimensões, em graus, nas direções Norte-Sul e Este-Oeste, assemelhando-se a um quadrado, podem ser chamadas de *quadrículas*.

Ex.: *Folha de 1° x 30'*
Quadrícula de 30' x 30'

Ao mencionar o nome de uma folha, não use a preposição *de*.
Ex.: *Folha Florianópolis* (e não Folha *de* Florianópolis).

Foliação/foliado

O *Aurélio* é pouco claro no significado de *foliação/foliado* e *folheação/ folheado*. Houaiss, porém, define claramente: *foliação é paralelismo de minerais em rochas ígneas e sedimentares* e *foliado é composto de folhas*.

Portanto, escreva, como ensina o Houaiss, que é como fazem seus colegas (a maioria, pelo menos): *foliação/foliado*.

Fronteira/divisa/limite

Entre países, existem *fronteiras*; entre estados, existem *divisas*; entre municípios, existem *limites*.

Ex.: *Fronteira Brasil-Venezuela*
Divisa Rio Grande do Sul-Santa Catarina
Limite Lagoa Vermelha-Vacaria

Imitação/falsificação

O produto que é vendido como se fosse uma pedra preciosa chama-se *imitação* quando não há intenção de iludir o consumidor. A zircônia cúbica, por exemplo, é uma imitação de diamante largamente conhecida e comercializada como tal. A *falsificação*, ao contrário, é um produto usado com a intenção de enganar o consumidor.

Indício/evidência

Essas palavras têm significados semelhantes, como se vê no *Houaiss*. Prefira, porém, considerar *indício* um sinal, vestígio, indicação, e *evidência*, uma certeza manifesta.

Massa específica/densidade relativa

A massa específica e a densidade relativa têm numericamente o mesmo valor, mas são conceitualmente diferentes.

Massa específica é a massa de um corpo homogêneo contida na unidade de volume. É medida, no Sistema Internacional, em quilogramas por metro cúbico. Para os minerais, geralmente se usa grama por centímetro cúbico, e, para minérios, toneladas por metro cúbico.

Densidade é o quociente entre a massa específica de uma substância e a massa específica de outra tomada como padrão (para sólidos e líquidos, o padrão adotado é a água a 4 graus Celsius; para gases, usa-se o ar e o hidrogênio). É, portanto, um número puro.

A massa específica do quartzo, por exemplo, é 2,60 g/cm^3. Sua densidade é 2,60.

O *peso específico* é o peso da unidade de volume de um corpo.

Microfotografia/fotomicrografia

A *microfotografia* é uma fotografia de dimensões reduzidas (a exemplo de microfilmes e microfichas). A *fotomicrografia* é uma foto normal de um objeto de dimensões reduzidas, obtida por meio de um microscópio, por exemplo.

Portanto, a microfotografia é uma redução; a fotomicrografia é uma ampliação.

Octaedrita/octaedrito

Octaedrita é sinônimo de anatásio (use este nome). Octaedrito é um meteorito com 6% a 18% de níquel.

Opaco/fosco

Opaco é o corpo que não deixa passar a luz ou outra radiação. Fosco é o corpo que não tem brilho. Um objeto que não é opaco pode ser *transparente* ou *translúcido*. Um objeto que não é fosco é *brilhante*.

Petroquímica/litoquímica

Para o Houaiss, petroquímica é a *ciência, técnica e indústria dos produtos químicos que derivam do petróleo*. Como esse é o significado que o público leigo conhece, prefira chamar a química de rochas de *litoquímica*.

Pontos cardeais, colaterais e subcolaterais

Escreva esses nomes com inicial maiúscula somente se forem a designação oficial de uma região.

Ex.: O *Norte* tem características bem diferentes das que se veem no *Centro-Oeste*.

Nos demais casos, use minúscula.

Ex.: Os granitos não ocorrem ao *norte* da área.

Na porção *este* da folha, surgem diques máficos.

A unidade ocorre de *norte* a *sul* na área mapeada.

O Brasil limita, ao *sul*, com o Uruguai e, a *este*, com o oceano Atlântico.

No norte de designa a porção norte dentro de uma área qualquer; *ao norte de* designa uma região *fora* dessa área. O Amazonas está *no norte* do Brasil, mas as Guianas estão *ao norte* do nosso país.

Prefira *Este* a *Leste* (embora a Marinha do Brasil e a de Portugal usem sempre Leste).

O CORRETO EMPREGO DE ALGUMAS PALAVRAS | 67

Use as abreviaturas N, S, E e W, evitando L (de Leste) e O (de Oeste).

Observe a correta denominação dos pontos subcolaterais:
NNE = nor-nordeste   SSW = su-sudoeste
NNW = nor-noroeste   SSE = su-sudeste
ENE = és-nordeste   WNW = oés-noroeste
ESE = és-sudeste   WSW = oés-sudoeste

Preciosa/semipreciosa

A divisão das gemas em preciosas e semipreciosas é confusa, desnecessária, artificial e formalmente condenada em normas técnicas da ABNT e de entidades internacionais como a Conféderation Internationale de Ia Bijouterie, Joaillerie, Orfévrerie des Diamants, Perles et Pierres (CIBJO). Use apenas *pedras preciosas* ou *gemas*, seja qual for o valor.

Quilate (ct)/quilate (K)

A porcentagem em ouro de uma liga pode ser expressa em quilates (símbolo K). O ouro puro (100% de ouro) é chamado ouro 24 quilates. Logo, o ouro 18 K, usado em joias, tem 75% de ouro (18 x 100 : 24) e 25% de outros metais. O teor de ouro pode ser expresso também em milésimos (forma preferível): ouro 1.000 (100% Au), ouro 750 (75% Au), etc.

Há outra unidade de medida chamada quilate, completamente diferente da citada anteriormente. Trata-se do quilate métrico, que mede a massa de gemas lapidadas. Essa unidade tem símbolo ct e vale 200 mg. Uma esmeralda de 2 ct tem, portanto, 400 mg. Esse conceito de quilate nada tem a ver com qualidade de cor ou pureza.

Sintética/artificial

Em se tratando de gemas, *sintético* não é sinônimo de *artificial*. Chama-se de sintética a gema produzida em laboratório que existe também na natureza, como a safira sintética, a esmeralda sintética, etc.

Chama-se de artificial a gema produzida em laboratório e sem uma equivalente natural conhecida, como o yag (*yttrium-aluminium-garnet*).

Terraplenagem/terraplanagem

No *Houaiss*, esses termos são sinônimos, com preferência por *terraplenagem*. Sacconi (1990), porém, faz distinção entre eles. Para ele, *terraplenagem* é o ato ou efeito de encher de terra um vão ou uma cavidade (isto é, tornar pleno de terra). Já *terraplanagem* é o ato ou efeito de terraplanar, ou seja, de tornar plano um terreno (Sacconi, 1990). (Nesse sentido, é sinônimo de *aplainamento* e *aplanamento*.)

Terras-raras

Terras-raras são óxidos, não elementos químicos. Os lantanídios, com o escândio e o ítrio, constituem os *elementos de terras-raras* (ETR); seus óxidos é que são as terras-raras.

Voçoroca/boçoroca

O *Aurélio* define tanto *voçoroca* quanto *boçoroca*, dando a essas palavras significados semelhantes, mas não iguais. O *Houaiss* as considera sinônimos, preferindo *voçoroca*. Faça como ele, pois é a forma mais usada (Guerra, 1972).

As formas *vossoroca* e *bossoroca* não estão corretas (ver item "Nomes indígenas", p. 77).

OUTRAS PALAVRAS

Afim/a fim

A fim equivale a *com o fim*. *Afim* traduz afinidade.

Ex.: *Coletou-se uma amostra a fim de determinar a composição química.*

Granitos, granodioritos, sienitos e qualquer outra rocha ígnea afim mostram grande quantidade de feldspato.

Alguns diminutivos especiais

asteroide	é diminutivo de astro
casebre	é diminutivo de casa
fascículo	é diminutivo de feixe
grânulo	é diminutivo de grão
lajota	é diminutivo de laje

O CORRETO EMPREGO DE ALGUMAS PALAVRAS | 69

lugarejo	é diminutivo de lugar
nódulo	é diminutivo de nó
opúsculo	é diminutivo de obra
partícula	é diminutivo de parte
pedrisco	é diminutivo de pedra
película	é diminutivo de pele
porciúncula	é diminutivo de porção
vilela	é diminutivo de vila.

Nota: para Sacconi (1989), *pedregulho* é aumentativo de *pedra*, e *rochedo*, aumentativo de *rocha*.

Alta (de preços)
Se os preços subiram, eles tiveram uma *alta*, não uma *suba*, como se ouve às vezes.

Alternativas
Prefira falar em *alternativas* quando as possibilidades forem apenas duas e mutuamente exclusivas. Havendo mais de duas possibilidades ou não sendo elas mutuamente exclusivas, prefira *opções*.

Ex.: As alternativas são concluir logo o mapa ou abandoná-lo de vez.

Temos três opções: concluir logo o mapa, terminá-lo no próximo ano ou abandoná-lo de vez.

Note que a palavra *alternativa*, usada nesse sentido, torna redundantes construções do tipo *as duas alternativas* ou *escolher só uma das alternativas*.

Americano/norte-americano
É generalizado o emprego de *americano* querendo dizer *norte-americano*. Você pode não gostar, mas provavelmente faz isso muitas vezes.

Essa questão vai além da possível antipatia pela ambiguidade. Quando estiver lendo um texto em inglês editado nos Estados Unidos, fique atento porque se ler, por exemplo, que algo é o maior da América, o autor pode muito bem estar dizendo que é o maior dos Estados Unidos. Para eles, muitas vezes americano significa norte-americano e América significa Estados Unidos.

Anexo, incluso

Anexo e incluso são adjetivos, não advérbios.

Ex.: Segue anexo o relatório mensal. (E não Segue em anexo o relatório mensal).

Anexas a esta, vão as listas solicitadas.

Remeto inclusos os resultados das análises.

Ante-/anti-

O prefixo ante- significa antes. Já anti- significa contra. Desse modo, um acontecimento pode ser antediluviano, nunca antidiluviano. Já um governo pode ser antidemocrático, jamais antedemocrático.

Ar condicionado/ar-condicionado

Você trabalha em ar condicionado porque sua empresa instalou, em sua sala, um ar-condicionado. O aparelho chama-se ar-condicionado (no plural, ares-condicionados) ou condicionador de ar; a atmosfera que ele cria é um ar condicionado.

O mesmo raciocínio poderia ser usado para raios X (a radiação) e raios-X (o aparelho que produz a radiação). Só que Aurélio, Houaiss e Volp não registram a segunda forma. Use, então, raios X (sem hífen) para designar a radiação e aparelho de raios X para designar o equipamento.

Já a radiografia é muito frequentemente chamada de raio-X, sendo aí necessário o hífen.

Barato/caro

Barato ou caro é o produto, não o preço. Este pode ser alto ou baixo.

Bastante (adjetivo)/bastante (advérbio)

A palavra *bastante* pode ser advérbio de intensidade ou adjetivo. Como advérbio, não varia; como adjetivo, sim.

Ex.: Os preços são *bastante* altos para análises tão simples. (Advérbio)

Havia *bastantes* amostras e, por isso, fez-se grande número de análises. (Adjetivo)

Julgou-se aquele indício *bastante* para justificar pesquisa adicional. (Adjetivo)

Regra prática: Se *bastante* pode ser substituído por adjetivos como *suficiente, diverso, muito, numeroso*, etc., é um adjetivo também e deve ir para o plural (segundo exemplo).

Se pode ser substituído por advérbios como *suficientemente, excessivamente*, etc., é também advérbio, permanecendo invariável (primeiro exemplo).

Note que, no terceiro exemplo, *bastante* está no singular porque se refere a *indício*. Se a palavra fosse *indícios*, iria para o plural.

Bimensal/bimestral

Bimestral (de *bimestre*) é aquilo que aparece ou se realiza de dois em dois meses. *Bimensal* é aquilo que aparece ou se realiza duas vezes por mês (ou seja, quinzenalmente).

Cessão/secção/seção/sessão

Cessão é o ato ou feito de *ceder*.

Ex.: O imóvel foi obtido por *cessão*.

Seção é sinônimo de *secção* e designa parte de um todo, um segmento.

Ex.: A *seção* estratigráfica mostra uma sequência de rochas dobradas.

Sessão é o espaço de tempo que dura uma reunião.

Ex.: Amanhã se realizará a *sessão* solene de entrega do título de Minerador do Ano.

Coletivos

Esses substantivos antigamente eram tópico obrigatório nas aulas de português, mas caíram quase todos em desuso (Moreno, 2007). Ninguém mais precisa conhecer os coletivos *cáfila* (de camelos), *vara* (de porcos), *alcateia* (de lobos), *fanca* (de tecidos), *espicilégio* (de diplomas) ou *cafife* (de fracassos).

O português prefere as palavras com os sufixos -*ada* (passarada, boiada, manada), -*eiro* (formigueiro, buraqueira), -*edo* (passaredo, arvoredo) e -*ria* (maquinaria, mulherio). Evite, porém, expressões como *bando de elefantes*, como se ouve às vezes. *Bando* continua sendo para aves; para mamíferos de grande porte, use *manada*. Na dúvida, use *grupo*, que vale para tudo.

Conserto/concerto

Você já deve saber, mas é bom lembrar: *concerto* é uma composição ou espetáculo musical; *conserto* é um reparo, restauração.

Continuidade/continuação

Continuidade é a qualidade ou caráter do que é contínuo. *Continuação* é ato de continuar ou prolongamento.

Portanto, pode-se falar na *continuidade* lateral de uma formação, mas, em matéria de greve, um sindicato decide pela *continuação* (ou não) do movimento.

Demonstrativos

Em termos espaciais, dizemos:
    Este/isto aqui   (onde eu estou/nós estamos).
    Esse/isso aí   (onde você está).
    Aquele/aquilo lá   (onde ele está/eles estão).

Ex.: Esta amostra que eu tenho está mais alterada que essa que você pegou, mas é melhor que aquela que está com ele.

Usa-se *este/isto* também para os elementos que passarão a ser mencionados no texto, e *esse/isso*, para os que já o foram.

O CORRETO EMPREGO DE ALGUMAS PALAVRAS | 73

Ex.: Cor, dureza, brilho e massa específica são propriedades que devem ser examinadas, pois essas características são fundamentais na identificação dos minerais.

As características que devem ser examinadas no campo são estas: cor, dureza, brilho e massa específica.

Usa-se *este* para identificar o último de dois ou mais elementos citados anteriormente.

Ex.: Foram datados granitos e granodioritos, sendo estes mais antigos.

Alguns órgãos do Ministério de Minas e Energia (talvez também de outros ministérios) têm o hábito de usar pronomes demonstrativos em lugar do artigo definido em certas circunstâncias.

Ex.: *Esta* CPRM propõe-se a...
Enviamos a *esse* DNPM...
Por que *esse* DNPM? Há mais de um, por acaso?
Nos exemplos listados, o que se deve usar é *a* CPRM e *ao* DNPM.

Direção/sentido

Admite-se confundir *direção* com *sentido* apenas entre leigos, não entre profissionais da área de ciências exatas. *Direção* é a linha segundo a qual se desloca um móvel; *sentido* é o rumo desse deslocamento. Em uma estrada de *direção* norte-sul, pode-se andar no *sentido* norte ou no *sentido* sul.

-eano/-iano

Os sufixos *-eano* e *-iano* são variantes de outro sufixo, *-ano*.

Os adjetivos e substantivos terminados em *-iano* são muito mais comuns que aqueles terminados em *-eano*, usando-se este somente nos adjetivos derivados de nomes que possuem, na sua raiz, a letra E acentuada.

Ex.: *montevideano* (de Montevidéu), *taubateano* (de Taubaté).

Nos demais casos, escreve-se com -iano.

Ex.: *pampiano, permiano, açoriano, arcosiano, rondoniano, caledoniano, artesiano, ardosiano.*

Notas:

a] para alguns autores, não é necessário que a letra E na raiz seja acentuada. Celso Pedro Luft (1981b), um deles, cita como exemplo *varzeano* (de várzea). Observe, porém, que o *Aurélio* registra *varziano, cabo-verdiano* (de Cabo Verde) e *euclidiano* (de Euclides).

b] como Coreia e Crimeia, por exemplo, não são mais acentuadas, dever-se-ia agora escrever *coriano* e *crimiano*. Mas o *Volp* registra ainda *coreano*.

c] o natural ou habitante do Acre chama-se *acreano* ou *acriano*. Use *acriano*, como está no *Volp* e como prefere o *Houaiss*.

d] *arqueano* é formado pela combinação do prefixo *arque-* com o sufixo *-ano*.

e] o *Houaiss* registra *arcose* e diz que *arcósio* é um neologismo português dispensável, e *arcóseo*, um adjetivo (relativo a arcose). O *Aurélio* registra *arcóseo*, com definição melhor que a do *Houaiss*. O *Volp* só registra *arcózio*, forma que não é usada pelos geocientistas brasileiros.

Se quiser escrever corretamente, use *arcose*, mas se quer ficar com a maioria dos seus colegas, use *arcósio* e *arcosiano*.

Estada/estadia

Estada é a permanência em um local. *Estadia* é o prazo cedido para carga e descarga de um navio ancorado em um porto.

Ex.: Iremos ao Congresso de Geologia com *estada* paga pela empresa.

Bons dicionários registram essas palavras como sinônimos, com o sentido de permanência. Mas é bom fazer a distinção, usando *estadia* para a permanência do navio no porto.

Formas duplas

Use indiferentemente:

apostila	ou postila
assoalho	ou soalho
assoprar	ou soprar
bilião	ou bilhão (mas sempre *milhão*)
brabo	ou bravo
carroceria	ou carroçaria
espuma	ou escuma
lavanderia	ou lavandaria
leitaria	ou leiteria
lesar	ou lesionar
óptica	ótica
piezoelétrico	ou piezelétrico
piroelétrico	ou pirelétrico
pólen	ou polem
porcentagem	ou percentagem
radioatividade	radiatividade
rasto	ou rastro
rebitado	ou arrebitado
selvageria	ou selvajaria
trilião	ou trilhão
várzea, várgea	ou varge

Notas:

a] alguns autores admitem admite *hífen* e *hífem*, bem como *palestrante* e *palestrita*. Como Volp, Houaiss, Aurélio e Aulete não registram as segundas formas, use apenas *hífen* e *palestrante*. Para o Houaiss, palestrita é quem assiste a uma palestra, não quem a profere.

b] *Aurélio*, *Volp* e *Houaiss* registram apenas *lanchonete*, mas no Rio Grande do Sul usa-se muito *lancheria* também.

Hindu/indiano

Hindu designa o habitante da Índia e o seguidor do hinduísmo.

Prefira, porém, *indiano* para designar o natural da Índia e *hinduísta* para se referir ao seguidor do hinduísmo.

H medial

É muito raro, nos vocábulos usados em nossa comunicação diária, *h* no meio de um substantivo simples que não seja precedido de c, l ou n (*ch, lh, nh*). Há, porém, algumas exceções:

- *Bahia* (o estado), por tradição. Escreva, porém, *baiano, coco-da--baía, baía* da Guanabara, etc.
- *quilohertz*, porque *hertz* é o nome oficial da unidade de medida. (Estranhamente, o *Volp* registra *quilohertz* e *quilohenry*, mas põe hífen em *mega-hertz*.)

Vários nomes de minerais têm esse *h* no nome porque ele deriva de um nome próprio que contém aquela letra, devendo, por isso, ser conservado. Ex.: *boehmita* (de Boehm), *gahnita* (de Gahn), *prehnita* (de Prehn), *hohmannita* (de Hohmann), etc.

Nahcolita tem o *h* porque é nome derivado de sua fórmula química ($NaHCO_3$).

Incipiente/insipiente

Incipiente é aquilo que está no começo, principiante.

Ex.: A rocha mostra *incipiente* alteração hidrotermal.

Insipiente é sinônimo de ignorante, ou seja, não sapiente.

Independente/independentemente

Independente é um adjetivo; *independentemente* é um advérbio, que não pode ser substituído pelo adjetivo.

Ex.: A sondagem será feita *independentemente* da liberação de recursos adicionais (e não *independente da liberação*...).

Siga a mesma orientação com *paralelo* e *paralelamente*.

Inobstante

Não use. Prefira *não obstante* ou *nada obstante*.

Mal/mau

Confundir *mal* com *mau* denota falta de atenção.

O CORRETO EMPREGO DE ALGUMAS PALAVRAS | 77

Mau é antônimo de bom (adjetivos). Mal é antônimo de bem (advérbios e substantivos).

Na dúvida entre mal e mau, veja se a frase continua bem construída substituindo-se a palavra por bom ou se isso acontece substituindo-a por bem. No primeiro caso, o correto será mau; no segundo, mal.

Ex.: Requerer área para pesquisa em zona de garimpo é um mau negócio. (Jamais se diria um bem negócio.)

Mapeamento com coleta de poucas amostras é mapeamento malfeito. (Jamais se diria mapeamento bom feito.)

Mesmo

Nunca use mesmo no lugar dos pronomes pessoais.

Ex.: Antes de entrar no elevador, verifique se ele (e não o mesmo) encontra-se parado neste andar.

Monitoração/monitoragem/monitoramento/monitorização

Você deve estar ouvindo e lendo sempre monitoramento ambiental. Saiba, porém, que o Houaiss prefere monitoração, embora registre também monitoragem, monitoramento e monitorização.

Nada/ninguém

Para pessoas, usa-se ninguém; para coisas, usa-se nada.

Ex.: Esteve presente ninguém menos que o Presidente da República (e não nada menos que o Presidente...).

Nem

Nem equivale a e não. Na maioria dos casos, não se deve nem é necessário, portanto, usar e antes dessa palavra.

Ex.: Não foram encontrados granitos nem metabasitos (e não e nem metabasitos).

Exceção: quando couber o uso de sequer após nem.

Ex.: Ele viajou e nem (sequer) avisou a equipe.

Nomes indígenas

Os nossos índios não tinham linguagem escrita (isto é, eram povos ágrafos). Por isso, as palavras do seu idioma, como as dos demais povos sem linguagem escrita, devem ser grafadas conforme as regras do português. Use, portanto, para vocábulos de origem indígena:

ç e não ss
x e não ch
j e não g

Ex.: *Paraguaçu, juçara, Iguaçu, içara, voçoroca, jiboia, jirau, pajé, xavante, xopotó, xucro.*

Observação: Aurélio e Houaiss admitem *chimango*, mas preferem *ximango*.

Sergipe e *Bagé* deveriam ser escritos com j (*Serjipe* e *Bajé*).

Onde/aonde/donde (de onde)

Use *donde* com o verbo vir ou equivalentes (provir, originar-se e outros). Use *aonde* com o verbo ir e outros verbos dinâmicos (chegar, dirigir-se, etc.). Use *onde* nos demais casos.

Ex.: O local *donde* veio essa amostra fica longe.

Não sei *aonde* iremos chegar rodando por esta estrada.

A ocorrência situa-se exatamente *onde* eu disse.

Nota: muitos autores de renome usam indistintamente *onde* e *aonde*. Faça, porém, a distinção.

Palavras afirmativas com negativas

Evite usar palavras ou expressões que têm uma conotação positiva ou afirmativa (todos, a maioria, muitos, frequentemente, etc.) com outras de sentido oposto (não, nenhum, poucos, raros, raramente, etc.).

Ex.: Em toda a área estão ausentes grandes anomalias (e não *Em toda a área não estão presentes anomalias*).

Palavras com a terminação -ã

No português contemporâneo, não há a terminação *an*. Escreva, pois: *Itapuã, Piatã, fã, Vietnã* (ou *Vietname*), *Teerã*, etc.

Perda/perca

Se você perdeu algo, teve uma *perda*. *Perca* é o subjuntivo do verbo perder (*que eu perca, que ele perca*).

Porque/por que/porquê/por quê

Porquê é substantivo, sinônimo de *motivo*, e é usado após o artigo *o*.
Ex.: As aerofotos não foram recebidas e não se sabe o *porquê* disso.

Por que usa-se:
a] no meio de uma frase quando antes ou depois há ou pode haver a palavra ***motivo***, ou quando essa locução é substituível por *pelo qual, pela qual*.
Ex.: Não se sabe *por que* [motivo] as aerofotos não foram recebidas.
O motivo *por que* [pelo qual] as aerofotos não foram recebidas não se sabe.
b] no início de uma frase, para fazer uma pergunta.
Ex.: *Por que* as aerofotos não foram recebidas?

Por quê usa-se no final de uma frase ou quando tal frase se limita a essa locução.
Ex.: As aerofotos não foram recebidas e não se sabe *por quê*.
As aerofotos não foram recebidas *por quê*?
As aerofotos não foram recebidas. *Por quê*?
Nota: as gramáticas ensinam sempre que *por quê* se usa no fim da frase, mas Sacconi (1989) usa a locução também no meio quando a ela se segue uma pausa prolongada.

Ex.: Pedir as aerofotos de novo *por quê*, se elas já foram recebidas?

Porque usa-se para responder uma pergunta ou como sinônimo de *pois*, *visto que*, *uma vez que*, etc.

Ex.: As aerofotos não foram recebidas *porque* não foram pedidas.

Exemplo geral: *Por que* as aerofotos não foram recebidas? Ora, simplesmente *porque* não foram pedidas, e não foram pedidas não se sabe *por quê*. Eis o *porquê* do atraso do projeto.

Preciosismos

Preciosismos são palavras que, a algumas pessoas, parecem erradas e são, por isso, *corrigidas*, com alteração em sua grafia ou pronúncia. É o que os gramáticos chamam também de *ultracorreção*, *hiperurbanismo* ou *hipercorreção*.

Ex.:

Certo	Errado
adivinhar	advinhar
aficionado	aficcionado
dextrogiro	dextrógiro
etimologia	etmologia
fazemos (presente)	fizemos
houve (= existiram)	houveram (Ver item "Haver" do Cap. 20., p. 159.)
levogiro	levógiro
Nobel	Nóbel
obedecer	obdecer
porca (de parafuso)	polca
pudico	púdico
rubrica	rúbrica
sicrano	siclano

Prefixos substantivados

Não se usam prefixos como se fossem palavras autônomas. Há, porém, sempre a tendência a se fazer isso.

Ex.: *Cinematógrafo* virou *cinema* e, depois, também *cine*.

Atualmente, verifica-se o uso de *micro* para designar *microcomputador* e *microempresa* e *múlti* para designar empresa *multinacional*, por exemplo. No Rio Grande do Sul, usa-se muito *recém* em lugar de *recentemente*. Esses três exemplos, embora aceitáveis na linguagem coloquial e mesmo em textos jornalísticos, ainda não são bem aceitos em textos técnicos e científicos. Evite, pois, usá-los.

Evite também e principalmente construções do tipo rochas *infra* e *supracrustais* escrevendo rochas *infracrustais* e *supracrustais*. Outro ex.: granitos *tardiorogênicos* e *pós-orogênicos* (e não *tardi* e *pós-orogênicos*).

Caso diferente é o de, por exemplo, *rápida e economicamente*, construção aceitável porque a palavra *rápida* é um adjetivo, não um simples prefixo.

Se não/senão

Quando puder substituir por *caso não*, use *se não*. Nos demais casos, use *senão*.

Ex.: *Se não* chover, iremos ao campo.

Ninguém *senão* o chefe pode assinar a autorização.

Corra, *senão* vais te atrasar.

Todo/todo o

Todo significa *qualquer*; *todo o* significa *inteiro*, *na totalidade*.

Ex.: *Todo* geólogo sabe que é necessário mapear bem *toda a* Amazônia.

No plural, use sempre o artigo.

Ex.: *Todos os* geólogos sabem que é necessário mapear bem toda a Amazônia.

Notas:

a] use *todo o mundo* para designar o mundo inteiro; *todo mundo* significa *qualquer um, todos*. Ex.: *Todo o mundo* está poluído, como *todo mundo* sabe.

b] com *tudo*, use ou não o artigo, como preferir. Ex.: *Tudo o* que foi feito... ou *Tudo* que foi feito...

Use também:
cabeleireiro	e não cabelereiro
enfarte ou infarto	e não infarte
epizootia (para animais)	e não epidemia (só para pessoas)
espinha (de peixe)	e não espinho
Meteorologia	e não Metereologia
serralharia	e não serralheria

Se para nós a língua portuguesa é difícil, é muito mais para os estrangeiros que tentam aprendê-la. Vejam só uma coisa: o aumentativo costuma ser feito usando o sufixo *ão* para os nomes masculinos e *ã* para os femininos. Só que, se um estrangeiro levar isso a sério, vai quebrar a cara, porque *caminhão* não é um caminho grande; *fogão* não é um fogo grande; *botão* não é uma bota grande nem *balão* é uma bala de grande tamanho.

A terminação *ão* pode até designar coisas **menores** que o normal. Vejam só: o cartão é menor que a carta; o calção é mais curto que a calça; o portão em geral é menor que uma porta, e por aí vai.

E não é só: um homem muito pequeno é chamado de *anão*, quando deveria ser *aninho*...

A esposa de um médico não é uma *médica* e a esposa de um professor não é necessariamente uma *professora*. Elas são simplesmente esposa de médico ou de professor. Só que, um belo dia, algum *artista* do idioma decidiu que a esposa de um embaixador não poderia ser simplesmente esposa de embaixador e inventou o termo *embaixatriz* para designá-la, termo que não deve ser confundido com *embaixadora*, esta sim uma profissional das relações exteriores.

Pércio de Moraes Branco, *Eta Língua Complicada*!

9
GÊNERO DE ALGUMAS PALAVRAS

Masculino ou feminino? Essa dúvida não é das mais frequentes, mas surge às vezes. Em certos casos, não temos dúvida e escrevemos com toda segurança, só que errado.

O que define o gênero de uma palavra é o uso. As palavras não têm sexo; têm gênero. O vocábulo cadeira não é feminino porque em seu âmago existe uma palavra feminina. É feminino simplesmente porque o uso o consagrou como tal (Cipro Neto, 2005a).

Embora as palavras femininas muitas vezes terminem em -a, as que terminam em -ma são geralmente masculinas (*sistema, esquema, telefonema*, etc.).

Das palavras terminadas em -*anha*, 99% são femininas (Moreno, 2004), o que explica a forte tendência a se usar *champanha* no feminino.

ADJETIVOS COMPOSTOS

Os adjetivos compostos recebem a flexão feminina só no segundo elemento.

Ex.: rocha amarelo-*clara*, entidade luso-*brasileira*.

ALUVIÃO, COLUVIÃO E ELUVIÃO

O *Houaiss* atribui a *aluvião*, *coluvião* e *eluvião* o gênero feminino. Para *aluvião*, porém, informa que a tendência é usar essa palavra no masculino tanto no Brasil quanto em Portugal. Por uma questão de coerência, e concordando com o *Volp*, use todas no feminino.

Se o gênero feminino parece-lhe muito estranho, use os sinônimos alúvio, colúvio e elúvio, que o *Houaiss* registra como masculinos.

O *Volp*, estranhamente, considera *colúvio* e *ilúvio* masculinos, mas *alúvio* e *elúvio* femininos.

Observe, a esse respeito, que os substantivos terminados em *ão* geralmente são masculinos quando concretos e femininos quando abstratos.

Ex.: são femininos *educação, orientação, paixão, emoção, tensão,* etc. São masculinos *coração, portão, vulcão, matacão, caminhão,* etc. Esse fato explica a tendência a se usar *aluvião, coluvião* e *eluvião* no masculino.

CARGOS, POSTOS, PROFISSÕES, ETC.

Use os femininos *bacharela, comandanta, comedianta, coronela, detenta, generala, geóloga, ministra, oficiala, paraninfa, perita, pilota, prefeita, suboficiala,* etc.

Notas:

a] use *governante* ou *governanta*; *hóspede* ou *hóspeda*; *parente* ou *parenta*; *chefe* ou *chefa*.

b] *embaixador* tem os femininos *embaixadora* (representante diplomática) e *embaixatriz* (esposa de embaixador).

c] o adjetivo *superior* é usado com substantivo tanto masculino quanto feminino; mas há uma exceção: a diretora de um convento é a madre *superiora*.

d] a eleição de Dilma Rousseff para a presidência da República gerou um debate: ela é presidente ou, como a eleita prefere, presidenta? A favor da escolha de Dilma, pode-se lembrar que existem *vereadoras, deputadas, ministras, senadoras* e *governadoras*. Contra essa preferência, pode-se citar a existência de *gerente, assistente, atendente, docente,* etc., que são comuns de dois gêneros.

Houaiss e *Aurélio* aceitam *presidenta*. Moreno (2004) não gosta dessa forma, mas não condena quem a usa. Diz ele: [...] *cada vez que alguém optar por uma ou outra forma, estará participando de um imenso plebiscito que acabará, com o tempo, determinando o destino das duas* (Moreno, 2004).

Fácies
É uma palavra de origem latina que aparece já aportuguesada no *Volp*, no *Aurélio* e no *Houaiss*. Escreva-a com acento, sem grifo ou aspas, e use-a no feminino.

Milhão
A palavra *milhão* é masculina. Portanto, se você diz *um milhão de análises, dois milhões de análises*, etc., diga *trinta e um milhões de análises*, não *trinta e uma milhões de análises*. A concordância do numeral cardinal deve ser feita com *milhões* (ou *dúzias, arrobas, centos, milheiros*, etc.), e não com aquilo que é contado. Ninguém diz *uma milhão*.

Molassa
Para o *Houaiss*, o correto é *molasso*, embora os geólogos só usem *molassa*. A etimologia dessa palavra indicada nesse dicionário é *fr. molasse red. da loc. pierre molasse* 'rocha de calcário, areia e argila', *adp. no masc. com -o final*.

Nomes de cidades
Os nomes de cidade normalmente são usados sem artigo e, com raras exceções (Rio de Janeiro, Cairo, Porto), exigem determinantes femininas.
    Ex.: Nova Iorque é barulhenta.
    Porto Alegre está vazia neste Carnaval.
    Toda a São Paulo vibrou.
    O Grande Rio sambou muito no Carnaval; a Grande Porto Alegre, também.

Outras palavras femininas
São femininas as seguintes palavras: *alface, arras* (s. f. e pl.), *cal, chaminé, dinamite, echarpe, grafite* (ou *grafita*), *matinê, musse, omoplata, ordenança, patinete, sentinela* e *soja*.

Outras palavras masculinas

São masculinas as seguintes palavras: *alpiste, apetite, champanha, clã, cola-tudo, eclipse, guaraná, matiz* e *querosene*.

Palavras com a terminação -agem

São femininas.

Ex.: *folhagem, ramagem, linguagem, abordagem, camaradagem, viagem*, etc.

Exceção: *selvagem* e *personagem* são comuns de dois gêneros (*o personagem* ou *a personagem*; *o selvagem* ou *a selvagem*). Os escritores modernos mostram acentuada preferência pelo masculino no caso de *personagem*.

Palavras com a terminação -ma

Geralmente são masculinas, principalmente quando de origem grega.

Ex.: *panorama, fonema, telegrama, diagrama, epigrama, diatrema, esquema, sismograma, variograma, teorema, astroblema, eratema, magma, espeleotema, paleossoma, neossoma, amálgama, sistema*, etc.

São masculinos, do mesmo modo, os substantivos *coma, grama* (unidade de massa), *telefonema* (Caldas Aulete admite os dois gêneros) e *puma*.

Sinclinal e anticlinal

Sinclinal, anticlinal e também *geossinclinal* são substantivos muito usados em Geologia que podem ser também adjetivos.

Ex.: Há uma dobra *anticlinal* nítida na imagem.

O dobramento é sem dúvida *anticlinal*.

O ambiente *geossinclinal* é propício a dobramentos.

Há uma certa indefinição, entre os geólogos, com relação ao gênero dessas palavras, e os nossos gramáticos e dicionaristas infelizmente não se entendem nesse assunto.

O *Houaiss* considera *anticlinal* e *sinclinal* apenas adjetivos e registra *anticlíneo* e *sinclínio* (assim, com -*io* no final) como substantivos masculinos; mas *anticlíneo* é também adjetivo para ele.

O *Aurélio* considera *anticlinal* substantivo feminino e adjetivo; *sinclinal*, estranhamente, é para ele apenas adjetivo; e *geossinclinal*, substantivo masculino.

No *Volp*, *sinclinal*, *anticlinal* e *geossinclinal* são apenas adjetivos.

Em uma pesquisa rápida que o autor fez e que o leitor poderá também fazer, foram relacionados quase 70 substantivos com a terminação -*al*, dos quais apenas quatro eram femininos (*cal*, *oval*, *vestal* e *bacanal*), e um, comum de dois gêneros (*capital*). Todos os demais eram masculinos, incluindo antropônimos (*Dorval*, *Roberval*, *Sandoval*, etc.); nomes comerciais de medicamentos (*Gardenal*, *Melhoral*, *Pentotal*) e tipos de plantações (*cafezal*, *milharal*, *batatal*, etc.).

Diante dessa tendência nítida da língua, use no masculino os substantivos *anticlinal, sinclinal, braquissinclinal, braquianticlinal, geossinclinal, eogeossinclinal, eogeoanticlinal, miogeossinclinal* e *miogeoanticlinal*, além, é claro, de *geossinclíneo, anticlinório* e *sinclinório*.

Anticlíneo, sinclíneo e *geossinclinório*, vocábulos registrados pelo *Volp*, não são mais usados (no Brasil, pelo menos).

Substantivos que admitem dois gêneros
O *Volp* admite como masculinos e femininos, entre outros: *agravante, atenuante, cataplasma, caudal, cólera, cólera-morbo, dengue, diabetes, pijama, própolis, sabiá, sósia* e *usucapião*.

Substantivos uniformes
Há alguns substantivos usados para designar pessoas e animais que não flexionam com relação ao gênero. Podem ser de três tipos:

Epicenos
Designam animais e têm um só gênero.

Ex.: *jacaré* (s. m.), *cobra* (s. f.).
Nesses casos, a diferenciação do sexo é feita acrescentando-se a palavra *macho* ou *fêmea* ao nome do animal.

Sobrecomuns
Designam pessoas e têm também um só gênero.
Ex.: *criança, testemunha* (sempre femininos), *cônjuge* (sempre masculino).

Comuns de dois gêneros
Designam pessoas e têm uma só forma para os dois gêneros.
Ex.: *artista, colega, cliente, componente, repórter*, etc.
A distinção do sexo é feita usando os artigos *o(s)* e *a(s)*.

TSUNAMI
A palavra *tsunami* só se tornou parte do cotidiano dos brasileiros em dezembro de 2004, quando uma onda dessas causou 170.000 mortes na Indonésia. Daí a natural dúvida sobre seu gênero.

O *Aurélio* e o *Michaelis* (apud Cipro Neto, 2005a) não registram esse verbete. Ele foi, porém, incluído na contribuição do autor para o *Houaiss* e dicionarizado como substantivo masculino, o que é confirmado pelo *Volp*.

A palavra vem do japonês *tsu* (porto, ancoradouro) e *nami* (onda, mar), e ainda não está consagrado seu aportuguesamento. Assim, pode-se optar pelo original, entre aspas ou em itálico, ou aportuguesá-lo, escrevendo *tsuname* ou *tsunâmi*. O *Houaiss* prefere a forma original, mas já registra *tatâmi* e *tatame*, palavras que também vêm do japonês.

XEROX
Houaiss, Aurélio, Luft (1975b) e *Volp* admitem os dois gêneros para essa palavra.

10

Hífen

O emprego do hífen é matéria extremamente complexa e mal disciplinada [...]. Para quem escreve, o emprego do hífen é um autêntico quebra-cabeça. [...] É um ponto da nossa ortografia que deveria ser urgentemente revisto, restringindo-se o uso desse sinal auxiliar da escrita aos casos de absoluta necessidade. (Cegalla, 1979, p. 34).

Não importa quantas reformas venham a ocorrer nos próximos mil anos; sempre vai haver indecisão quanto ao hífen porque ele se apoia no terreno eternamente movediço que marca o limite entre a Morfologia e a Sintaxe, o limite entre o vocábulo e a locução. (Moreno, 2009).

Esperava-se que o problema do hífen, tão bem descrito por Cegalla nas frases anteriores, fosse resolvido ou pelo menos muito abrandado com o Acordo Ortográfico da Língua Portuguesa assinado em 16 de dezembro de 1990. No entanto, o que se percebe é que ele melhorou a situação por um lado (ex.: *sub-horizontal* em lugar de *suborinzontal*), mas deixou bem pior por outro, como será visto neste capítulo.

Por complexo que seja o emprego do hífen, é necessário tentar aprender a usar esse dito traço de união, que pode muito bem ser visto como traço de separação. (Se devemos escrever *norte-americano* e não *norteamericano*, podemos interpretá-lo como traço de separação de palavras, não de união.)

Com prefixos, usa-se sempre o hífen antes de palavra iniciada por *h*.
Ex.: *anti-higiênico, pseudo-hexagonal, sub-horizontal, geo-histórico*.
Exceção: *subumano* (que, no *Volp*, aparece com dois misteriosos pontos de interrogação).
Nota: esta regra, introduzida pelo *Aolp*, veio simplificar o emprego do hífen, tornando norma, por exemplo, o que praticamente todos os geólogos já faziam, escrever *sub-horizontal* e não *suborizontal*,

como era o correto. Entretanto, foi estabelecido que *quando não houver perda do som da vogal final do primeiro elemento e o elemento seguinte começa por* h (Aolp, p. LVI), pode-se usar hífen e manter o h ou eliminar os dois. Ex.: *geo-hidrografia/geoidrografia, geo-história/ geoistória*. Entretanto, o *Volp* registra os minerais *hidroematita* e *hidroxierderita* sem admitir a grafia com h e hífen.

Há um mineral cujo nome, segundo essa regra da dupla grafia, pode ser escrito de *quatro* maneiras diferentes: *niquelexa-hidrita, niquelexaidrita, níquel-hexa-hidrita* e *níquel-hexaidrita*, como mostra o próprio *Volp*.

O item 3.1.2 do Quadro Geral de Unidades de Medida (Inmetro, 2013, p. 3-4) contraria essa regra, pois manda escrever, por exemplo, *quilohertz*.

Com os prefixos *ex-, sem-, além-, aquém-, recém-, pós-, pré-, pró-, grã-, grão-, sota-, soto-, vice-* e *vizo-* também se usa sempre o hífen.

Ex.: *aquém-Andes, Grã-Bretanha, grão-duque, pré-reencarnatório, pós-tectônico, pró-soviético, recém-descoberto, sem-cerimônia, sota-vento, soto-capitão, vice-líder, vizo-rei*.

Exceção: *sensabor*.

Notas:
a] estranhamente, o *Aurélio* registra *sota-voga*, mas *sotavento*.
b] embora os prefixos *pré-, pró-* e *pós-* exijam hífen, este não é usado com *pre-, pro-* e *pos-*, ou seja, quando átonos.
Ex.: *predizer, procriar, pospasto, preexistente, preestabelecido*.

Usa-se hífen nos compostos em que o primeiro elemento é uma forma adjetiva, reduzida ou não.
Ex.: *físico-químico, metalogenético-previsional, latino-americano, histórico-geográfico, geológico-geomorfológico, sul-rio-grandense,* etc.
Usa-se hífen também nos compostos em que o primeiro elemento é um verbo ou uma forma reduzida por supressão de fonemas ou sílabas.
Ex.: *nor-noroeste, corta-luz, cata-vento, saca-rolhas, bel-prazer*.
Exceção: *Tiradentes*.

Usa-se hífen nos substantivos compostos em que um dos elementos indica tipo, forma ou finalidade.

Ex.: *elemento-traço, engenheiro-agrônomo, engenheiro-eletrônico, engenheiro-geólogo* (mas *engenheiro civil*), *escola-modelo, fóssil-índice, médico-residente*, etc.

Nota: as gramáticas mencionam sempre casos em que o segundo elemento indica tipo, forma ou finalidade. Isso, porém, pode ocorrer com o primeiro também.

Ex.: *hornblenda-quartzodiorito, alfa-hopeíta, beta-hyblita*, etc.

Ver, a esse respeito, o item "Hífen em nomes de minerais e rochas", na p. 95.

Usa-se hífen com os sufixos *-guaçu, -açu* e *-mirim* se o primeiro elemento acaba em vogal acentuada graficamente ou se a pronúncia o exige.

Ex.: *sabiá-guaçu, capim-açu* (mas *Mojimirim, Mojiguaçu, Manhuaçu*).

O advérbio *não* poderia ser considerado prefixo negativo: assim, seria possível usar hífen em *não-metal, não-comparecimento, não-pagamento*, etc. Esse assunto gerava muita controvérsia entre os gramáticos, a ponto de Pasquale Cipro Neto (comunicação pessoal, 2004) dizer que *muito já se discutiu e ainda se discute sobre o emprego do hífen com não. A questão parece insolúvel e interminável* [...].

Como o *Volp* não usa hífen em palavras com *não* ou *quase* (ex.: *não linear, não metal, não saturado, quase estrela, quase nada*), siga esse critério.

Só se usa hífen em substantivos compostos do tipo cor + de + substantivo em *cor-de-rosa*. Ver o *Volp* e o verbete *cor-de* no *Houaiss*.

Há outros casos de emprego do hífen (dias da semana e com pronome oblíquo, por exemplo), mas não oferecem dificuldades.

Não deixe espaços entre o hífen e os elementos que ele está unindo, mas faça isso quando usar travessão.

Para clareza gráfica, se no final da linha a partição de uma palavra ou combinação de palavras coincidir com o hífen, ele deve ser repetido na linha seguinte.

Ex.: Nas atividades de campo, conta-
-se que ele era um geólogo incansável.

PREFIXOS TERMINADOS EM VOGAL

Quando o prefixo termina em vogal, usa-se o hífen se o segundo elemento começa pela mesma vogal.

Ex.: *anti-inflacionário, anti-inflamatório, auto-observação, contra--atacar, contra-ataque, micro-ondas, micro-ônibus, semi-internato, semi-intensivo.*

Notas:

c] ver exceção* da próxima regra (p. 93).

d] Moreno (2004) chama a atenção para outra exceção necessária: assim como escrevemos *anti-Itália, anti-Iugoslávia*, é necessário escrever *anti-Cuba, anti-França*, etc., e não *anticuba, antifrança*, mesmo que isso viole a regra mencionada.

e] o item 3.1.2 do Quadro Geral de Unidades de Medida (Inmetro, 2013, p. 3-4), contraria essa regra, pois manda escrever, por exemplo, *microoersted* e *nanoohm*.

Não se usa o hífen quando o prefixo termina em vogal diferente da vogal com que se inicia o segundo elemento.

Ex.: *aeroespacial, anteontem, antieducativo, autoaprendizagem, autoestrada, coautor, coedição, infraestrutura, plurianual, semiaberto, semiesférico, semiopaco.*

*Exceção: o prefixo co- aglutina-se com o segundo elemento mesmo quando este se inicia por o.

Ex.: *coobrigar, coobrigação, coordenar, cooperar, cooperação, cooptar, coocupante* etc.

Não se usa o hífen quando o prefixo termina em vogal e o segundo elemento começa por consoante diferente de *h, r* ou *s*.

Ex.: *anteprojeto, contracapa, contracheque, coprodução, geopolítica, infravermelho, microcomputador, neoformado, protomilonito, semicírculo, semidetalhe, ultravioleta.*

Notas:
a] com o prefixo *vice-*, usa-se sempre o hífen. Ex.: *vice-rei, vice-presidente*, etc.
b] letras gregas não são prefixos, mas o Volp registra *alfa-aglutinação, alfaemissor, alfa-hélice, beta-amilase, betaemissor* e *beta-hemolítico*. Deduz-se daí que elas podem ser tratadas como prefixos para fins de uso do hífen.
c] Moreno (2004) faz distinção entre o prefixo grego *tele-*, que segue as regras do hífen, e a forma abreviada *tele-* (redução de *telefone* ou *televisão*), indicando que esta deve ser sempre seguida de hífen, como em *tele-jornal* e *tele-pizza*. No entanto, essa distinção diverge do que define o *Aolp*.

Não se usa o hífen quando o prefixo termina em vogal e o segundo elemento começa por *r* ou *s*. Nesse caso, duplicam-se essas letras.
  Ex.: *antissocial, biorritmo, contrassenso, cosseno, infrassom, intrarregional, metassedimentar, microrregião, microssistema, minissaia, paleossolo, semirreta, ultrarresistente, ultrassom.*
Nota: o item 3.1.2 do Quadro Geral de Unidades de Medida (Inmetro, 2013, p. 3-4) contraria essa regra, pois manda escrever, por exemplo, *miliradiano, milisegundo*, etc.

PREFIXOS TERMINADOS EM CONSOANTE
Quando o prefixo termina em consoante, usa-se o hífen se o segundo elemento começa pela mesma consoante.
  Ex.: *inter-racial, inter-regional, sub-bacia, sub-base, super-resistente,* mas *hipermercado, intermunicipal, superinteressante, interestratificado, subsolo, superproteção, subgrupo, supergrupo, subaquoso, subunidade, subclasse*, etc.

Com os prefixos *sub-* e *sob-*, usa-se o hífen também diante de palavra iniciada por *r*:
  Ex.: *sub-região, sub-raça, sob-rocha*, etc.

Com os prefixos *circum-* e *pan-*, usa-se o hífen diante de palavra iniciada por *m, n, h* e *vogal*:

Ex.: *circum-navegação, pan-americano, circum-adjacente, circum--meridiano, pan-idiomórfico*, etc.

Quando o prefixo termina por consoante, não se usa o hífen se o segundo elemento começar por vogal.
Ex.: *hiperacidez, interestratificado, interestadual, interestelar, superaquecimento, subunidade, suburbano, superorganizado*, etc.

O prefixo *com-* exige hífen antes de vogal.
Ex.: *com-aluno*.

O prefixo *bem-* exige hífen antes de palavra que tem vida autônoma na língua e quando a pronúncia mostra ser necessário.
Ex.: *bem-estar, bem-amado, bem-vindo*.

As instruções do *Volp* dizem que os prefixos *ab-, ad-* e *ob-* exigem hífen antes de *r*. Entretanto, o próprio *Volp* contém exemplos que contrariam a regra. Por isso, observe a seguinte orientação:

Com os prefixos *ab-* e *ob-*, use hífen quando forem seguidos de elementos começados por *r* que inicie sílaba.
Ex.: *ab-reação, ab-rogar, ob-rogável, ob-repetício, ob-ringente*.

Com o prefixo *ad-*, use hífen se for seguido de elemento fonicamente distinto que comece por *r* ou *d*.
Ex.: *ad-digital, ad-rogação, ad-rogado*.

Hífen em nomes de minerais e rochas

Antes do *Aolp*, valia a seguinte regra: *usa-se hífen nos substantivos e adjetivos compostos nos quais os elementos conservam sua autonomia fonética e acentuação própria, mas perderam sua significação individual, constituindo uma unidade semântica, um conceito único* (Volp, 1981).

Isso era fácil de entender em certos casos, mas difícil em outros. No caso de *água-marinha*, as palavras *água* e *marinha* mantêm sua autonomia fonética (não tiveram a pronúncia alterada) e a acentuação própria, mas perderam o significado original; elas já não significam *água* nem *marinha*, mas sim uma pedra preciosa. Juntas, as palavras *água* e *marinha* traduzem um significado único, a tal *unidade semântica*.

Outros exemplos fáceis de entender são *boca-de-leão* (flor), *pedra-sabão* (rocha), *boia-fria* (trabalhador).

Em alguns desses casos, a perda do significado original pode ser difícil de perceber. Para um geólogo talvez seja fácil entender que *cristal-de-rocha* é uma variedade de quartzo bem definida e que *cristal de rocha* é um cristal qualquer de uma rocha indefinida. Para um leigo, porém, isso é difícil, tanto que Antônio Houaiss (comunicação pessoal, 1986a) e Celso Luft (1975c) concordavam com o autor que o uso de hífen era necessário no nome dessa variedade de quartzo. Na primeira edição do *Houaiss*, ele saiu sem hífen, mas nos informaram que o engano seria corrigido na edição seguinte. O *Volp*, porém, sempre registrou *cristal de rocha*.

Esse é um aspecto que dificulta as coisas: com um mesmo grupo de palavras, às vezes se deve usar hífen, outras, não. Por exemplo, *meio dia* significa metade de um dia (*Meio dia de trabalho basta para concluir a amostragem*). Escritas com hífen, porém, essas palavras passam a ter outro significado, designando as 12 horas. (*Partirei ao meio-dia*.)

Outros exemplos: *pão duro* (pão velho) e *pão-duro* (sovina); *copo de leite* (copo com leite) e *copo-de-leite* (flor).

O *Aurélio* registra *fim de semana*, o que está certo, pois, no nosso dia a dia, consideramos como primeiro dia da semana a segunda-feira. No sentido bíblico, porém, a semana termina no sábado, o que exigiria que se chamasse de *fim-de-semana*.

Esses casos de emprego do hífen, bastante confusos, ficaram ainda mais complicados com o Aolp.

O novo *Volp* diz que *não se emprega o hífen nos compostos por justaposição com termo de ligação [...] exceto nos compostos que designam espécies botânicas e zoológicas [...]*. Se o hífen foi mantido em nomes de plantas e animais que possuem termo de ligação (ex.: ipê-do--cerrado, bem-te-vi), por coerência deveria ser mantido também nos nomes de minerais (ex.: olho-de-tigre), mas o Acordo não decidiu assim. Ele estabeleceu que *nas locuções de qualquer tipo, sejam elas substantivas, adjetivas, pronominais, adverbiais, prepositivas ou conjuncionais, não se emprega em geral o hífen, salvo algumas exceções já consagradas pelo uso* (Aolp, p. LV).

Quais são as exceções já consagradas pelo uso? O Aolp não diz, e o jeito é consultar o *Volp* – que é cheio de contradições.

O vocabulário oficial registra, por exemplo, *quartzo-róseo* e *quartzo-rutilado*, o que é incompreensível, já que são ambos realmente variedades de quartzo, uma de cor rosa e outra contendo rutilo. Por que hífen, então?

Nomes de minerais com a preposição *de* são registrados praticamente sempre sem hífen. Ex.: *olho de tigre, olho de gato, pedra da lua, espato da islândia*. Mas por que há hífen em *pedra-de-sangue* e em *peridoto-do-ceilão*?

Topázio rio-grande ganhou um hífen totalmente inexplicável. Nesse caso, ou se usam dois hifens ou não se usa nenhum.

Podemos também citar o exemplo da expressão informal *maria vai com as outras*, que perdeu o hífen, tornando-se um exemplo bizarro de frase completa que é, na verdade, um substantivo!

A relação a seguir é uma lista parcial de nomes de minerais, incluindo denominações populares e comerciais, registrados no *Volp*. Muitos deles, como a maioria das variedades de quartzo, são grafados sem hífen pelo *Houaiss*.

Ágata da islândia
Água-marinha
Alabastro calcário
Alabastro-oriental
Ametista-oriental
Cativo de chumbo
Cativo de cobre
Cativo de ferro
Chapéu de ferro
Citrino-madeira
Citrino-sol
Clino-holmquistita

Coral-branco
Coral-córneo
Coral-mole
Coral-negro
Coral-pétreo
Coral-preto
Coral-vermelho
Cristal de rocha
Diamante-alençon
Diamante-alpino
Diamante-arkansas
Diamante-benefício

Diamante-bristol
Diamante-chapa
Diamante de enxofre
Diamante do canadá
Diamante do reno
Diamante-fazenda
Diamante-matura
Diamante-mesa
Diamante-mexicano
Diamante-nortense
Diamante-rosa
Diamante-saboiano
Diamante-tabla
Diamante-ubaense
Esmeralda-brasileira
Esmeralda da tarde
Esmeralda de calcopirita
Esmeralda de lítio
Esmeralda do cabo
Esmeralda do congo
Esmeralda-oriental
Esmeralda-uraliana
Espato-adamantino
Espato-azul
Espato-calcário
Espato da islândia
Espato de cádmio
Espato de chumbo
Espato de estrôncio
Espato de magnésio
Espato de manganês
Espato de zinco
Espato do labrador
Espatoflúor
Espato-pardo

Espato-pesado
Espinélio-almandina
Espinélio de zinco
Espodumênio-esmeralda
Espuma do mar
Falso-topázio
Feldspato do labrador
Gema do vesúvio
Granada-branca
Granada-foguete
Granada-indiana
Granada-nobre
Granada-oriental
Granada-piramidal
Granada-siberiana
Hexa-hidrita
Hidroematita
Hidroeterolita
Hidro-halloysita
Hidro-herderita
Hidroxierderita
Jacinto dos vulcões
Jacinto-vulcânico
Jade-califórnia
Jade do transvaal
Jade-hornblenda
Jade-imperial
Jade-mexicano
Jade-neozelandês
Jade-siberiano
Jade-verdadeiro
Jaspe de sangue
Jaspe-negro
Jaspe-oriental
Jaspe-sanguíneo

Lazulita de cobre
Lazulita de espanha
Lazulita-espanhola
Marfim-falso
Marfim-vegetal
Mica-branca
Mica dos pintores
Niquelexa-hidrita
Niquelexaidrita
Níquel-hexa-hidrita
Níquel-hexaidrita
Olho de cobra
Olho de mosquito
Olho de peixe
Olho de porca
Olho de tigre
Ônix-calcário
Ônix da argélia
Ônix de fortificações
Ônix de olhos
Opala-arlequim
Opala-azul
Opala-comum
Opala de fogo
Opala-dendrítica
Opala-fígado
Opala-flamejante
Opala-leitosa
Opala-musgo
Opala-negra
Opala-nobre
Opala-oriental
Opala-preciosa
Opala-xiloide
Ouro-branco

Ouro de gato
Ouro de pão
Ouro-negro
Ouro-verde
Ouro-pigmento
Pedra-bronze
Pedra-calaminar
Pedra-d'água
Pedra da armênia
Pedra da lídia
Pedra da lua
Pedra de anil
Pedra-de-canela
Pedra de cruz
Pedra de ferro
Pedra de fogo
Pedra de raio
Pedra-de-sangue
Pedra de santana
Pedra de toque
Pedra do labrador
Pedra do sol
Pedra-ferro
Pedra-gema
Pedra-ímã
Pedra-inca
Pedra-jade
Pedra-lápis
Pedra-louça
Pedra-mármore
Pedra-mendobi
Pedra-nefrítica
Pedra-olar
Pedra-pomes
Pedra-sabão

Pedra-soda
Pedra-ume
Peridoto-brasileiro
Peridoto-do-ceilão
Peridoto-do-oriente
Pérola-da-aurora
Pérola-russa
Pérola-verde
Pingo-d'água
Pirita-branca
Pirita-azul
Pirita-celular
Pirita-especular
Pirita-hepática
Pirita-lamelar
Pirita-magnética
Pirita-rômbica
Quartzo-citrino
Quartzo-defumado
Quartzo-enfumaçado
Quartzo-espectral
Quartzo-fantasma
Quartzo-fumé
Quartzo-leitoso
Quartzo-mórion
Quartzo-róseo
Quartzo-rutilado
Rosa-inca
Rubi-almandina
Rubi-americano
Rubi-balas
Rubi-califórnia
Rubi-cingalês
Rubi da américa
Rubi da boêmia

Rubi da sibéria
Rubi de enxofre
Rubi do brasil
Rubi do cabo
Rubi do colorado
Rubi dos urais
Rubi-espinélio
Rubi-estrela
Rubi-falso
Rubi-negro
Rubi-ocidental
Rubi-oriental
Rubi-siberiano
Rubi-sul-africano
Rubi-topázio
Safira-branca
Safira-brasileira
Safira-d'água
Safira do brasil
Safira-elétrica
Safira-estrela
Safira-ocidental
Sal-amargo
Sal-amoníaco
Sal de epsom
Sal de glauber
Sal-gema
Salitre da índia
Salitre do chile
Sal-pétreo
Semiopala
Sulfoalita
Topázio-baía
Topázio-citrino
Topázio da boêmia

Topázio do brasil	Topázio-palmira
Topázio dos joalheiros	Topázio-precioso
Topázio-espanhol	Topázio rio-grande
Topázio-falso	Topázio-saxônico
Topázio gota-d'água	Zeólita do cabo
Topázio-hialino	Zeólita-mimética
Topázio-imperial	Zincogreenockita
Topázio-indiano	Zincomelanterita
Topázio-ocidental	Zincorrosasita
Topázio-oriental	Zincoschefferita
Topázio-ouro	Zincotavita

Entre um prefixo e um substantivo composto, use hífen ou não, conforme as regras vistas.

Ex.: contratorpedeiro + líder = *contratorpedeiro-líder*.
anti + ferromagnetismo = *antiferromagnetismo*
vice + primeiro-ministro = *vice-primeiro-ministro*

O *Volp* inclui nomes como *olivinagabro*, *quartzogabro*, *quartzonorito*, *quartzoxisto* e *augengnaisse*. Daí conclui-se que os nomes das variedades petrográficas formados por nome de mineral + nome de rocha devem ser escritos sem hífen.

Outros exemplos decorrentes dos mencionados seriam *biotitagranito*, *hornblendabasalto*, *olivinabasalto*, *muscovitaxisto*, etc. Nesse contexto, deve-se pôr hífen entre todos os nomes de minerais, mas não após o último deles.

Ex.: *hornblenda-plagioclásio-ortoclasiognaisse*, *quartzo-muscovitaxisto*, *hornblenda-biotita-quartzodiorito*.

O hífen será, todavia, necessário em alguns casos, como quando o nome da rocha começar por *h*.

Ex.: *meta-hornblendito*.

A regra anterior toma-se inaplicável, em nosso entender, quando o mineral é o feldspato alcalino. De fato, não julgamos aceitáveis nenhuma das três formas teoricamente possíveis, feldspatoalcalinogranito, feldspato alcalino granito e feldspato-alcalinogranito, já que *feldspato* e *alcalino* não são dois minerais. A solução, ao nosso ver, é escrever *granito a feldspato alcalino*, forma plenamente aceitável e corrente entre os geólogos.

Nota: em inglês, usa-se hífen entre os nomes dos minerais, ficando o último separado do nome da rocha (ex.: *biotite-hornblende granodiorite*), a menos que o mineral seja essencial, como em *quartzdiorite*. As regras de uso do hífen naquele idioma diferem, porém, das que temos no português.

Por analogia com os exemplos anteriores, deduz-se que não deve haver hífen entre o nome de um mineral e o nome de um elemento ou radical químico que o antecede. De fato, o *Volp* registra, por exemplo, ferrobrucita, ferrocobaltita e ferroníquel. Escreva, então, carbonatoapatita, cromodiopsídio, ferroantofilita, niquelskutterudita, etc.

Nota: cloro e cromo podem ser elementos químicos ou prefixos gregos (*khloros* = verde-claro e *khroma* = cor). Em ambos os casos, escreva sem hífen, a menos que o nome do mineral comece por o. Ex.: cloro-opala.

Resumo simplificado do emprego do hífen com prefixos
Regra básica
Sempre se usa o hífen antes de *h* e após os prefixos *além-*, *aquém-*, *ex-*, *grã-*, *grão-*, *pré-*, *pró-*, *pós-*, *recém-*, *sem-*, *sota-*, *soto-*, *vice-* e *vizo-*.
Ex.: *anti-higiênico*, *super-homem*, *pós-graduação*, *pré-cambriano*, *recém-descoberto*, *pró-reitoria*.

Outros casos
Prefixo terminado em vogal:
- sem hífen antes de vogal diferente: *autoescola*, *antiaéreo*;
- sem hífen antes de consoante diferente de *r* e *s*: *anteprojeto*, *semicírculo*;
- sem hífen antes de *r* e *s* e dobrando essas letras: *metarriolito*, *metassedimentar*, *ultrassom*;

- com hífen antes de mesma vogal: *contra-ataque, micro-ondas*. (Exceto prefixo *co-*).

Prefixo terminado em consoante:
- com hífen diante de mesma consoante: *inter-regional, sub-bacia*;
- sem hífen diante de consoante diferente: *intermunicipal, supersônico, hipermercado*;
- sem hífen diante de vogal: *interestadual, superinteressante*.

Observações

a] com os prefixos *sob-* e *sub-*, usa-se o hífen também diante de palavra iniciada por *r*: *sob-roda, sub-região, sub-raça*, etc.

b] com os prefixos *circum-* e *pan-*, usa-se o hífen diante de palavra iniciada por *m, n, h* e *vogal*: *circum-navegação, pan-americano*, etc.

c] o prefixo *co-* aglutina-se com o segundo elemento, mesmo quando este inicia por *o*: *coobrigação, coordenar, cooperar, cooperação, cooptar, coocupante*, etc.

O que eu mais admiro na Catherine Zeta-Jones é o hífen. No fundo, é inveja, vontade de ter um hífen no nome também. Nada dá mais classe do que um hífen bem colocado. [...] Eu certamente seria outro com um hífen no primeiro nome. Mas o que mudaria mesmo a minha vida seria um sobrenome hifenizado. [...] Ajudaria, claro, ter uma cara de conde, mas na falta desta só o nome com hífen já me asseguraria deferências inéditas, a começar pelo xequin em hotéis. Um Destaigne-Plouchard vai para a suíte presidencial sem precisar pedir. A distinção não é para ele, é para o hífen. E a um hífen não se pedem credenciais, caução, depósito ou avalista. O hífen é a sua própria referência. E mais: num hipotético encontro seu com a Catherine Zeta-Jones, vocês já têm sobre o que conversar. Você pede para ela lhe falar do seu hífen e você fala do seu. E por que não continuar a conversa na suíte presidencial?

Luis Fernando Verissimo, "Nomes", *Zero Hora*, 23.08.2007

11
PLURAL DE SUBSTANTIVOS E ADJETIVOS COMPOSTOS

Não é fácil a formação do plural dos substantivos compostos (Cunha, 1978, p. 130). Esse é, de fato, assunto complexo que gera frequentes dúvidas. Algumas regras são simples, outras são pouco precisas e admitem várias exceções. Além disso, como se vê no *Aurélio*, existem dois plurais aceitáveis para substantivos como *seção-tipo, ano-base, morro-testemunho* e muitos outros.

Antes de tudo, deve-se verificar se se trata de um substantivo ou de um adjetivo composto. A regra para formação do plural de um substantivo composto constituído de adjetivo + substantivo não é a mesma que se usa para um adjetivo constituído dos mesmos elementos.

SUBSTANTIVOS

Vai para o plural só o primeiro elemento quando:
- dois substantivos estão unidos pela preposição *de*.
  Ex.: *mãos de obra, quedas-d'água, chapéus de ferro, pedras da lua, jades do transvaal, bálsamos do canadá, rosas do deserto, espatos da islândia, carvões de pedra*, etc.
  Nota: em alguns casos, o segundo elemento já está no plural.
  Ex.: *rosa dos ventos* (pl. *rosas dos ventos*), *mestre de obras* (pl. *mestres de obras*).
- o segundo elemento determina ou limita o primeiro ou dá uma ideia de finalidade ou semelhança.
  Ex.: *anos-luz, carvões-vapor, elementos-traço, fósseis-guia, fósseis-índice, localidades-tipo, mapas-base, mapas-múndi, mine-*

rais-índice, morros-testemunho, palavras-chave, perfis-chave, rochas-fonte, rochas-reservatório, seções-tipo, etc.

Exceções: decretos-leis, cidades-satélites.

Aurélio, Houaiss e Volp admitem, nesses casos, o primeiro ou os dois elementos no plural. Faça o mesmo.

Vai para o plural só o segundo elemento quando se trata de:
- elementos unidos sem hífen.
Ex.: *aguardentes, benfeitores, girassóis, sobressaltos,* etc.
- verbo + substantivo.
Ex.: *guarda-roupas, beija-flores, toca-fitas, porta-aviões, guarda--pós, tira-teimas,* etc.
- palavras repetidas.
Ex.: *quero-queros, reco-recos, troca-trocas, pisca-piscas.*
Nota: ver nota b do primeiro tópico da regra que indica quando os dois elementos vão para o plural (p. 105).
- elemento invariável + palavra variável.
Ex.: *inter-relações, sub-bacias, vice-presidentes, sub-bases, sub-regiões, sub-bibliotecários, pseudo-heterositas, cálcio-hilairitas,* etc.
- substantivo composto em que o primeiro elemento determina ou limita o segundo.
Ex.: *alfa-hyblitas, muscovita-biotitaxistos, hornblenda-biotitatonalitos,* etc.

Notas:
a] Cegalla (1979) não inclui esse caso em sua *Novíssima gramática da língua portuguesa.*
b] lembre-se da regra do uso do hífen em substantivos compostos em que um dos elementos indica tipo, forma ou finalidade (Cap. 10, p. 91).

Vão para o plural os dois elementos quando se trata de:

- substantivo + substantivo.

    Ex.: *pedras-umes, anos-bases, morros-testemunhos, palavras--chaves, metais-bases, rochas-mães*, etc.

Notas:

c] no item "Substantivos", ver segundo tópico da regra que indica quando apenas o primeiro elemento do substantivo composto vai para o plural (p. 103).

d] dificilmente são usados no plural os nomes dos métodos de datação geocronológica. Quando o forem, deverão permanecer invariáveis (*datações rubídio-estrôncio, idades potássio-argônio*, etc.), já que não há, nesses compostos, um núcleo, como *pedra* em *pedra-ume*, *metal* em *metal-base*, etc. (Oliveira, informação verbal, 1992). Isso vale também para *chumbo-chumbo*, apesar do que dispõe a regra sobre palavras repetidas apresentada anteriormente (p. 105).

- substantivo + adjetivo.

    Ex.: *obras-primas, fósseis-vivos, lápis-lazúlis, matérias-primas, xistos-verdes*, etc.

- adjetivo + substantivo.

    Ex.: *boas-vidas, más-línguas, livres-docências*, etc. Exceções: *grão-mestres, grã-cruzes, bel-prazeres*.

- numeral + substantivo.

    Ex.: *terças-feiras, meias-vidas, meios-termos*, etc.

Nenhum dos elementos varia quando se trata de:
- verbo + advérbio.

    Ex.: *Os bota-fora*.

- verbo + substantivo já no plural.

    Ex.: *Os saca-rolhas, os salva-vidas*.

- advérbio + de + substantivo.

    Ex.: *Os fora da lei, veículos fora de estrada*.

Casos especiais

- Os mapas-múndi, os bem-te-vis, os bem-me-queres, os malmequeres, os louva-a-deus, os joões-ninguém, os diz-que-diz.
- Ponto e vírgula fica, no plural, ponto e vírgulas ou pontos e vírgulas.

Adjetivos

Adjetivo + adjetivo

Só o segundo elemento vai para o plural.

Ex.: *rochas amarelo-claras, cristais castanho-escuros, estratificações plano-paralelas*, etc.

Exceções: *surdos-mudos, azul-marinho* (os dois elementos no singular), *azul-celeste* (idem).

Nota: alguns escritores modernos põem os dois elementos no plural, eliminando o hífen. Evite essa fórmula (por exemplo, *olhos verdes claros*).

Elemento invariável + adjetivo

Só o segundo vai para o plural.

Ex.: *recém-nascidos, anti-horários, não lineares, pós-magmáticos, pós-cinemáticos, pré-históricos*, etc.

Adjetivo + substantivo ou substantivo + adjetivo

Não variam.

Ex.: *olhos verde-esmeralda, granitos cinza-claro, cristais azul-cobalto, manchas amarelo-limão, minerais verde-oliva.*

Cor + de + substantivo

Também ficam invariáveis.

Ex.: *manchas cor-de-rosa, solos cor de café, blusas cor da pele, quartzitos cor de carne.*

Notas:

a] a regra vale também para as formas simplificadas em que a expressão *cor de* está subentendida.

Ex.: siltitos creme, granitos cinza, traços rosa, carros laranja.
b] inclui-se, nesse caso, marinho (ex.: ternos marinho) e ultravioleta (ex.: raios ultravioleta).
c] só se usa hífen em substantivos do tipo cor + de + substantivo em cor-de-rosa. Ver o Volp e o verbete cor-de no Houaiss.

Cor + e + cor ou cor + cor
Só o segundo vai para o plural.
Ex.: faixas verde e amarelas, solos vermelho-marrons.

Substantivo + substantivo
Os dois vão para o plural.
Um exemplo, segundo Sacconi (1990), é zero-quilômetro, que, no plural, ficaria zeros-quilômetros.
Ex.: carros zeros-quilômetros.
A pronúncia, todos hão de convir, fica horrrível. Como o Volp considera zero-quilômetro adjetivo de dois gêneros e dois números e substantivo de dois números, use zero-quilômetro tanto no singular quanto no plural.

12

Plurais especiais

Alguns substantivos assumem, no plural, forma e pronúncia pouco usuais.
Ex.: *caráter* (com acento e paroxítono) fica *caracteres* (sem acento, com um segundo *c* e igualmente paroxítono). Exemplos semelhantes são:
júnior - juniores (niô)
sênior - seniores (niô)
esfíncter - esfíncteres (té)
Nota: essa regra não costuma ser seguida por profissionais da área de Informática, que usam *caractere* no singular, forma aceita pelo *Houaiss*.

Segundo Sacconi (1990), o plural de *curriculum vitae* é *curricula vitidae*, mas há autores que usam *curricula vitae*. Prefira a forma portuguesa, mais simples: *currículo(s)*.

Antes de substantivo, *nenhum* flexiona em número (*nenhuns*) do mesmo modo que *algum/alguns*.
Ex.: Há alguns traços de flúor nas amostras de água, mas não foram encontrados nenhuns indícios de mineralização.
Após substantivo, use o singular (*nenhum*), pondo o substantivo também no singular.
Ex.: Não há caminho nenhum de acesso ao topo do morro.

Bege flexiona normalmente.
Ex.: siltitos beges, carros beges.

Em relatórios individuais e em correspondências, pode-se usar *nós* em lugar de *eu* (plural de modéstia). Note que, nesses casos, o particípio passado fica no singular.

Ex.: *Fomos informado* (= *fui informado*). *Ficamos surpreso* (= *fiquei surpreso*).

Há palavras em que a vogal o é fechada no singular e aberta no plural.

Ex.:
esforço (ô)   *esforços* (ó)
fosso (ô)   *fossos* (ó)
morno (ô)   *mornos* (ó)
torto (ô)   *tortos* (ó)

Nomes de família não sofrem essa alteração.

Ex.: *os Cardosos* (ô), *os Portos* (ô).

Alguns substantivos só existem no plural.

Ex.: *anais, Andes, Apalaches, arredores, óculos, parabéns, pêsames, reticências*.

Quites tem o singular *quite*.

Ex.: Nós estamos *quites* com a SBG.
Eu estou *quite* com a Receita Federal.

Moreno (2004) recomenda o uso de *câmpus* no singular e no plural, e não *campus/campi*, pois essa é a tendência natural, como aconteceu com *ônibus, tônus* e *bônus*.

O plural de *gol* é um problema insolúvel no nosso idioma. Use *gol/ gols*, por mais anormal que isso seja.

Matacão vem de *matar* + *cão* e corrimão vem de *correr* + *mão*. Essas origens, porém, perderam-se no tempo, daí os plurais irregulares *matacões* (e não *matacães*) e *corrimões* (e não *corrimãos*) (Luft, 1981a).

13

Antropônimos, topônimos e adjetivos pátrios

Os antropônimos (nomes de pessoas) e os topônimos (nomes de cidades, estados, rios, etc.) estão sujeitos às mesmas regras que se aplicam aos substantivos comuns, mas possuem algumas particularidades. Já os adjetivos pátrios parecem-nos, muitas vezes, simplesmente estranhíssimos.

Antropônimos

Se a pessoa está viva, seu nome deve ser escrito conforme consta no registro de nascimento ou como ela o usa.
Ex.: *José Sarney*.

Se a pessoa já morreu, o nome deve ser adaptado às regras gramaticais.
Ex.: *Rui Barbosa* (não *Ruy Barbosa*), *Osvaldo Cruz* (não *Oswaldo Cruz*), etc.
Jornais como *O Estado de S. Paulo* fazem essa adaptação logo após a morte da pessoa. Sendo ela personalidade de destaque, aquele jornal espera apenas o falecimento desta deixar de ser notícia para passar a escrever o nome na forma gramaticalmente correta.

Atendendo ao que foi disposto, escreva *Baltasar, Brás, Calisto, Carmem, Cátia, Cavalcante, Clarisse, Correia, Davi, Dejanira, Edgar, Edite, Elisa, Elisabete, Filipe, Garcês, Gumersindo, Gurgel, Hernâni, Hortênsia, Isabel, Ivã, Jaques, Judite, Juçara, Luís, Luísa, Lurdes, Morais, Neusa, Queirós, Raquel, Resende, Rubem, Rute, Sousa, Teresa, Teresina, Teresinha, Tomás, Vágner, Valdemar, Válter, Venceslau, Vilson, Vladimir, Zósimo, Zuleica*, etc.

Nomes que, aportuguesados, sofrem sensível deformação devem ser escritos na forma original.

Ex.: *Kennedy* (não *Quênedi*), *Kubitschek* (não *Cubicheque*), *Taunnay* (não *Toné*).

Não se usa artigo antes do nome de pessoa com quem não se tem intimidade.

Ex.: *George Bush* (não *o George Bush*), *Freud* (não *o Freud*).

Na linguagem coloquial, a regra é menos rígida e a frequente presença da pessoa ou de seu nome na mídia acaba tornando-a íntima.

Ex.: *Assistiu ao programa do Jô Soares?*

O plural dos antropônimos é feito conforme as regras a seguir:

- os nomes de pessoas devem ir para o plural quando necessário, já que são substantivos.

  Ex.: *os Oliveiras, os Castros, Os Maias* (título de um romance de Eça de Queirós), *os Kennedys, os Mondadoris*, etc.

  Nota-se, porém, forte tendência a manter tais nomes no singular, principalmente quando há dificuldade para se fazer o plural.

  Ex.: *os Cardoso, os Moreira, os Lunardi, os Rammelsberg*, etc.

  Nota: caso similar é o de marcas e modelos de veículos, para os quais se admite o singular (dois Honda, três Toyota, etc.).

- quando os antropônimos são compostos, só o primeiro elemento vai para o plural.

  Ex.: *as Janes Maria, os Silvas Jardim.*

Topônimos

Os topônimos, que são também antropônimos na sua quase totalidade, homenageiam pessoas já falecidas, por isso devem ser grafados na forma gramaticalmente correta.

Ex.: *Avenida Osvaldo Aranha, Praça Rui Barbosa.*

Se for outra a origem do topônimo, com maior razão deve ele obedecer às normas gramaticais. Há, entretanto, casos em que a grafia oficial difere da correta, devendo ser respeitada a forma oficial (Sacconi, 1990).

Ex.: Bagé (oficial)   Bajé (correta)
Bahia (oficial)   Baía (correta)

O respeito à grafia oficial nos casos citados no parágrafo anterior não implica necessidade de manter o erro nos derivados. Escreva, pois, bajeense, baiano, coco-da-baía, etc.

Nota: Sacconi (1990) considera erradas as grafias Sergipe e sergipano, afirmando que essas palavras deveriam ser escritas com j. Aurélio e Houaiss, porém, registram ambas com g.

O aportuguesamento de topônimos não segue regras rígidas, a exemplo do que se dá com os substantivos comuns. As leis ortográficas de um país não costumam ter repercussão nas outras línguas (Moreno, 2004, p. 133).

- escreva na forma aportuguesada, entre outros, os seguintes topônimos: Inglaterra (England), Alasca (Alaska), Pequim (Beijing), Hong-Kong (Xiangang), Cantão (Guangzhou), Japão (Nipon), Filadélfia (Philadelphia), Londres (London), Havaí (Hawaii), Holanda (Netherlands), Madri (Madrid), Montevidéu (Montevideo), Nanquim (Nanjing), Assunção (Assunción), Santo André (San Andreas), Teerã e Vietnã (ou Vietname).
- devem ser escritos na forma original, entre outros: Buenos Aires, Washington, Los Angeles, Brodowski.
- alguns topônimos não são aportuguesados por todos os autores ou só o são em parte. Outros o são de diferentes modos:
    » New York: a forma original não é usada na linguagem falada do brasileiro, e Nova York é um aportuguesamento parcial. Prefira Nova Iorque;

ANTROPÔNIMOS, TOPÔNIMOS E ADJETIVOS PÁTRIOS | 113

» *Kuwait*: segundo o Cerimonial do Itamaraty (comunicação pessoal, 1991), o antigo *Estado do Coveite* chama-se agora *Estado do Kuaite*. Com relação à pronúncia, faça como faz o embaixador daquele país no Brasil: pronuncie *Kueit*;
» *Camarões*: é a forma usada no Brasil. Por ocasião da Copa do Mundo de 1990, porém, o embaixador daquele país no Brasil protestou, pedindo que se usasse *Camerum*, que é a forma adotada pelo Cerimonial do Itamaraty;
» *Romênia*: use assim ou, então, *Rumânia* (mas não *România*).

Em referências bibliográficas, use sempre a forma original (a usada na obra).
Ex.: *London, New York*.

Pode-se usar *Antártica* ou *Antártida*, como no francês (*Antarctique* ou *Antarctide*).

Etimologicamente, o correto seria *Antártica*, pois é a região oposta à região Ártica (anti + Ártico). Essa é a forma usada pela maioria das universidades e órgãos governamentais que fazem pesquisas naquela região.

Antártida é a forma usada principalmente nos países de língua espanhola (Argentina, Chile e Espanha, por ex.) e talvez tenha surgido por associação com Atlântida (Moreno, 2005).

No Brasil, o Ministério das Relações Exteriores adotou *Antártida* ao firmar o *Tratada da Antártida*. Já o *Programa Antártico Brasileiro* adotou a outra forma. Aos poucos, porém, vai se impondo a forma *Antártica*.

Lembretes
- a República Socialista da Checoslováquia passou a se chamar, em 1990, República Federativa Checa e Eslovaca. Em 1º de janeiro de 1993, o país dividiu-se em dois, a República Checa (com capital em Praga) e a República Eslovaca (com capital em Bratislava). Napoleão Mendes de Almeida (1991)

condena o uso da letra t no início da palavra *checo(a)*.

- a Birmânia (Burma, em inglês) desde 1989 chama-se Myanmar (denominação não reconhecida pelos Estados Unidos e pelo Reino Unido).
- a antiga República Malgaxe é agora República Democrática de Madagascar ou, simplesmente, Madagascar. É assim que escreve o Cerimonial do Itamaraty, e não Madagáscar.
- a República Democrática Alemã (antiga Alemanha Oriental) e a República Federal da Alemanha (antiga Alemanha Ocidental) unificaram-se em 1990. Hoje existe apenas a Alemanha, com capital em Berlim.
- a União das Repúblicas Socialistas Soviéticas (URSS), ou simplesmente União Soviética, não existe mais. As repúblicas que a formavam e que estavam subordinadas a um poder central sediado em Moscou tornaram-se independentes. Com exceção das chamadas repúblicas bálticas (Letônia, Lituânia e Estônia), da Geórgia e do Turcomenistão (que é apenas estado associado), as demais onze unidades que formavam a União Soviética constituem agora a CEI (Comunidade dos Estados Independentes). A CEI, porém, segundo Leonid Kravchuk, um de seus fundadores e que foi presidente da Ucrânia, é apenas um fórum de debates.
- a Iugoslávia também se fragmentou e surgiram, em 1991, quatro novas nações: a Eslovênia (capital Lubliana), a Croácia (capital Zagreb), a Macedônia (capital Skopje) e a Bósnia e Herzegovina (capital Sarajevo). Restaram Sérvia e Montenegro, unidos, em 2003, sob a denominação de Estado da Sérvia e Montenegro. Mas, em 2006, Montenegro também se tornou independente, com capital em Podgorica, extinguindo-se formalmente a Iugoslávia. Dois dias depois, a Sérvia também se declarou independente. Em 2008, a província do Kosovo declarou-se independente da Sérvia, com capital em Pristina. Iugoslavo significa, literalmente, eslavo do Sul.

- Leningrado chama-se de novo São Petersburgo; Stalingrado é hoje Volgogrado; Gorky é Nijni Novgorod; a Bielo-Rússia (literalmente, Rússia Branca) chama-se atualmente Bielarus (ou Belaruz); a Moldávia chama-se hoje Moldova; Quirguízia é Quirguistão (ou Quirguizistão); Minsk é Mensk e Lvov é Lviv. Vários outros topônimos dos países comunistas mudaram de nome, principalmente na Ucrânia, uma das antigas repúblicas soviéticas.
- não confunda eslovacos com eslovenos e eslavônios. Esses povos não vivem na mesma terra, não falam o mesmo idioma e sequer se relacionam bem.
- com relação ao Brasil, lembre que:
  » deve-se escrever Coromândel, Criciúma (mas Crissiumal) e Xiquexique.
  » existem os estados de Mato Grosso e Mato Grosso do Sul, mas não Mato Grosso do Norte.
  » Goiás foi desmembrado e sua parte norte é o estado de Tocantins, pertencente à região Norte. A capital deste é Palmas.
  » Roraima é estado.
  » Fernando de Noronha não é mais território, pertence a Pernambuco.

ADJETIVOS PÁTRIOS

Os adjetivos pátrios são palavras derivadas de topônimos. Alguns dos menos conhecidos são a seguir relacionados:

angeleno (de Los Angeles, EUA)
assuncionenho (de Assunção, Paraguai)
bogotano (de Bogotá, Colômbia)
bonaerense ou portenho (de Buenos Aires, Argentina)
caraquenho (de Caracas, Venezuela)
espírito-santense (de Espírito Santo, ES, Brasil)
fortalezense (de Fortaleza, CE, Brasil)

goianiense (de Goiânia, GO, Brasil)
guatemalteco (de Guatemala)
havano ou havanês (de Havana, Cuba)
holmiense (de Estocolmo, Suécia)
limenho (de Lima, Peru)
managuense ou managuenho (de Manágua, Nicarágua)
manauense ou manauara (de Manaus, AM, Brasil)
natalense (de Natal, RN, Brasil)
nicaraguense ou nicaraguano (de Nicarágua)
noronhense (de Fernando de Noronha, PE, Brasil)
pacense ou pacenho (de La Paz, Bolívia)
pessoense (de João Pessoa, PB, Brasil)
patagão (de Patagônia)
quitenho (de Quito, Equador)
salvadorense ou soteropolitano (de Salvador, BA, Brasil)
santiaguenho (de Santiago, Chile)
tegucigalpenho (de Tegucigalpa, Honduras)
vitoriense (de Vitória, ES, Brasil)

Nota: segundo o geólogo Carlos Alberto Giovannini (informação verbal, [s.d.]), em Manaus se usa mais *manauara*.

Mais detalhes sobre os adjetivos pátrios:

- observe que os adjetivos pátrios correspondentes a topônimos brasileiros costumam ter as terminações *-ense* e *-ano*.
- quase todas as capitais de países sul-americanos de língua espanhola têm adjetivos pátrios com a terminação *-ense* ou *-enho*. Ex.: *assuncionenho, caraquenho, santiaguenho*. As exceções são Montevidéu (*montevideano*) e Bogotá (*bogotano*).
- ao estado de São Paulo corresponde o adjetivo *paulista*; à cidade de São Paulo, *paulistano*; ao torcedor do São Paulo F. C., *são-paulino*. Ao estado do Rio de Janeiro, corresponde o adjetivo *fluminense*; à cidade do Rio de Janeiro, *carioca*.
- os catarinenses escrevem *Lages* e *lageano*, mas o Aurélio registra *Lajes* e *lajiano*. O natural ou habitante do Acre chama-se,

segundo o Volp, acriano. Aurélio e Houaiss, porém, aceitam também acreano.

Alguns adjetivos pátrios podem assumir uma forma contraída:
africano = afro
alemão = teuto, germano
austríaco = austro
brasileiro = brasilo
chinês = sino
europeu = euro
finlandês = fino
francês = franco, galo
grego = greco
indiano = indo
inglês = anglo
italiano = ítalo
japonês = nipo
português = luso

Havendo necessidade de se juntar dois ou mais adjetivos pátrios, deve-se pôr o mais extenso em último lugar.
Ex.: *luso-brasileiro, franco-canadense, anglo-franco-americano, greco-romano*.

Segundo Sacconi (1989 ou 1990), se ambas as formas possuírem idêntico número de sílabas, prevalecerá a ordem alfabética.
Ex.: *anglo-francês* (não *franco-inglês*), *franco-grego* (não *greco-francês*).
Às vezes, porém, isso não é possível.
Ex.: *franco-chinês/sino-francês*.

14

Emprego de algumas locuções

Locução é uma reunião de palavras equivalentes a uma só. Muitas das que usamos com frequência são mal empregadas, seja em sua forma, seja em seu significado.

À CUSTA DE
Use no singular (*à custa de*), e não no plural (*às custas de*).

ALTO E BOM SOM
Use assim, sem preposição no início.

ANOS 90/DÉCADA DE 90
Os *anos 90* compreendem 1990, 1991, 1992,..., 1999.
A *década de 90* compreende 1991, 1992, 1993, ...2000.
Note que a primeira década da era cristã terminou no dia 31 de dezembro do ano 10. Portanto, o século XX só terminou no dia 31 de dezembro de 2000, apesar de a chegada do novo século ter sido amplamente comemorada em 31 de dezembro de 1999.
Lembre também que o Brasil foi descoberto no século XV, em 22 de abril de 1500.

ANTES DE MAIS NADA
Não use. Substitua por *antes de tudo* ou *antes de qualquer coisa*.

AO ENCONTRO DE/DE ENCONTRO A
Essas locuções também têm significados diferentes, embora muitos as usem como sinônimos.

Ir ao encontro de significa *favorecer, concordar com*. Já *ir de encontro a* significa, ao contrário, *discordar, prejudicar*.

Ex.: A retomada dos mapeamentos geológicos básicos veio ao encontro das aspirações da comunidade geológica. Uma política de transporte calcada em rodovias vai *de encontro* às características geográficas do Brasil, extenso e rico em rios navegáveis.

Veja um exemplo (real) de uso incorreto: *O livro é copiosamente ilustrado, o que vem de encontro ao objetivo proposto pelo autor. O texto torna-se assim útil* [...].

Ao invés de/em vez de

Tampouco essas expressões são sinônimos. *Ao invés de* significa *ao contrário de*. *Em vez de* significa *em lugar de* (não necessariamente ao contrário de).

Ex.: Decidiu-se abandonar o furo *ao invés de* tentar salvá-lo.

Preferiu-se fazer quatro análises de poucas amostras *em vez de* duas análises de todas elas.

A par

Use *a par*, não *ao par*.

Ex.: Um técnico atualizado está *a par* do que acontece na área da Informática.

Até a

A palavra *até* pode ter duas naturezas: partícula denotativa de inclusão e preposição.

Como partícula denotativa de inclusão, *até* equivale a *inclusive* e pode ser seguida de artigo definido.

Ex.: O pacote sedimentar contém vários tipos de rocha, até conglomerado (inclusive conglomerado).

Todos empurraram o ônibus, *até* o professor.

Como preposição, *até* aparece sozinha ou seguida da preposição *a*, formando, nesse caso, a locução prepositiva *até a*. A preposição *até* e a locução *até a* têm o mesmo significado.

Ex.: O arenito ocorre *até* o fim da área.
O arenito corre *até* ao fim da área.

A diferença entre a partícula de inclusão *até* e a preposição *até* ou entre a primeira e a locução *até a* é clara, mas com substantivo feminino pode gerar dúvida. Observe com atenção a diferença entre *O metamorfismo afetou toda a sequência, até a camada de argilito* e *O metamorfismo afetou toda a sequência até à camada de argilito*. No primeiro caso, o metamorfismo afetou tudo, inclusive a camada de argilito. No segundo, afetou tudo o que havia até junto à camada de argilito, excluindo-a, porém.

Custar mais caro

Quando se referir a preço ou custo, evite expressões do tipo *está custando 20% mais caro*. Escreva simplesmente *está custando 20% mais* ou *está 20% mais caro*.

De + artigo com infinitivo

Se o verbo que vem após *de o(s)* ou *de a(s)* estiver no infinitivo, não faça a contração da preposição com o artigo.

Ex.: *Apesar de a* chuva continuar, fomos para o campo (e não *Apesar da* chuva continuar...).

Não emita cheque *antes de o* salário ser depositado (e não ...*antes do* salário ser depositado).

Não se pode solicitar análises *antes de as* amostras serem coletadas (e não ...*antes das* amostras...).

Defronte de

A preposição a usar é *de*. Não use *defronte a*.

DE VEZ QUE/COMO SENDO/SENDO QUE/EM TERMOS DE
Evite usar.

EIS QUE
Equivale a *de repente*. Não use no sentido de *porque*.

EM FACE DE/FACE A
Essas locuções têm o mesmo significado. Prefira, porém, a primeira (*em face de*), a única registrada por *Houaiss* e *Aurélio*. E em nenhuma hipótese misture as duas formas (*em face a*).

EM NÍVEL
Use *em nível*, não *a nível*.

Embora a segunda forma exista também no espanhol, no francês e no italiano, pelo menos na França e na Itália ela é condenada (Moreno, 2004).

Ex.: *Em nível* estadual, as medidas já estão aprovadas.
O trabalho está encerrado, mas apenas *em nível* de campo.

EM QUE PESE A
Use sempre com a preposição.

Ex.: *Em que pese a* custar muito caro, o equipamento deve ser comprado.
Viajaremos logo, *em que pese ao* mau tempo.
O projeto está suspenso, *em que pese à* disponibilidade de recursos.

Nota: pronuncie *pêse*. *Pesar*, no caso, nada tem a ver com *peso*, mas sim com *pêsames*.

EM VIA DE
Use no singular (*em via de*), e não no plural (*em vias de*).

Fazer que/Fazer com que

Ambas estão corretas.

Ex.: Pretendo *fazer que* ele desista de viajar.

O sol *fez com que* o mapa ficasse amarelado.

Há... anos

Uma redundância extremamente comum dá-se com o verbo haver. Ao usar esse verbo para designar tempo transcorrido, não use a preposição *atrás* ou use *atrás* sem o verbo haver.

Ex.: O Permiano iniciou *há* 275 milhões de anos.

O Permiano iniciou 275 milhões de anos *atrás*.

Haja vista

Essa expressão deveria ser variável, mas no português contemporâneo fica sempre no singular (Sacconi, 2011).

Ex.: A área foi estudada com muito detalhe, *haja vista* os numerosos afloramentos descritos (e não ...*hajam vista*...).

Ir a/ir para

Ir a algum lugar significa ir e ficar lá apenas temporariamente. *Ir para* algum lugar significa ir e permanecer lá indefinidamente.

Ex.: O governador *foi a* Brasília tratar da liberação de recursos.

Não aguento mais morar no Brasil! *Vou para* a Europa logo que puder!

Mais bem/mais mal

Antes de particípio, prefira usar *mais bem* e *mais mal* em lugar de *melhor* e *pior*, respectivamente. É o que recomenda Houaiss e parece ser a tendência da língua formal moderna.

Ex.: A geologia da porção oriental é *mais bem* conhecida que a do restante da folha.

O segundo conserto foi *mais mal* feito que o primeiro.

Mais ruim/menos ruim
Use sem constrangimento.

Mais superior/mais inferior
Não use. Escreva ou diga apenas superior e inferior.

Metades
As metades são sempre duas e sempre iguais em tamanho. Evite redundâncias do tipo *a amostra foi dividida em duas metades* ou, o que é pior, *a amostra foi dividida em duas metades iguais*. Escreva, sim, *a amostra foi dividida em duas partes iguais* (ou *dividida ao meio*).

Escreva *a metade* quando estiver se referindo a uma das duas porções de um todo. Para se referir a qualquer uma delas indistintamente, escreva apenas *metade* (sem o artigo).

Ex.: *A metade* superior da sequência é bem mais rica em fósseis.
Metade da sequência é rica em fósseis.

O mais... possível/Quanto possível
O adjetivo *possível* fica no singular quando acompanhado de *quanto* ou no caso de expressão superlativa contendo o elemento *o* no singular.

Ex.: Fiz os relatórios tão bons *quanto possível*.
As equipes são *o mais* qualificadas *possível*.

No segundo exemplo, pode-se usar também *as mais qualificadas possíveis*. No português atual, há nítida preferência por esta segunda forma (Cegalla, 1979).

Para eu/para mim
Antes de infinitivo, use *eu*, não *mim*.

Ex.: Serão necessários cinco dias *para eu terminar* o relatório.
Ele entregou-me o relatório apenas *para eu ler*.

Se houver, porém, uma vírgula antes do verbo, use *mim*.

Ex.: *Para mim*, terminar o relatório em cinco dias é uma questão de honra.

Após o verbo *deixar*, o pronome deve ser oblíquo, mesmo que seguido por infinitivo.

Ex.: *Deixe-me* examinar o mapa (e não *Deixe eu* examinar o mapa).

Quando não é seguido de verbo, o pronome deve ser oblíquo (*mim*, não *eu*).

Ex.: Deixaram esse problema para *mim*.
Essas férias serão boas para *ti*.

PESSOA HUMANA

Muitas pessoas não gostam dessa locução – e o autor é uma delas, preferindo *ser humano*. Mas Cláudio Moreno (2010) mostra que ela foi usada por Rui Barbosa, Lima Barreto e Nélson Rodrigues, por exemplo, e que existe também no inglês, no italiano, no espanhol e no francês. Moreno (2010) lembra que nem toda pessoa é humana; há pessoas jurídicas, pessoas divinas, pessoas físicas, etc.

PLEONASMOS

Pleonasmo (do grego *pleonasmós*, superabundância) é o uso de termos supérfluos, caracterizando um excesso inútil de palavras. Embora válido em certas circunstâncias, na maioria das vezes é condenável (*pleonasmo vicioso*).

Além dos óbvios, mas frequentemente usados até por pessoas de bom nível cultural, como *subir para cima*, *descer para baixo*, *entrar para dentro* e *sair para fora*, evite usar: *acabamento final*, *conviver junto*, *criar novo*, *elo de ligação*, *encarar de frente*, *erário público*, *ganhar grátis*, *há (tempo) atrás*, *habitat natural*, *monopólio exclusivo*, *países do mundo*, *permanece ainda*, *todo e qualquer* e *vereadores da Câmara Municipal*.

Ex. (reais): ...mas não fica só restrito apenas a...
...o pênis do homem e a vagina da mulher entram em contato...

Posto que/visto que

Apesar da semelhança, essas expressões não têm o mesmo significado. *Visto que* equivale a *já que, uma vez que*, etc. *Posto que* equivale a *embora*.

Ex.: A sondagem exigirá recursos adicionais, *visto que* é um método de exploração caro.

A sondagem deverá ser executada, *posto que* seja um método de exploração caro.

Que nem

Não use quando significar *do mesmo modo que*. Substitua por *como*, inclusive para evitar ambiguidade.

Ex. (real): *Para fazer aqui um excelente mapa geotécnico, é preciso uma experiência que nem o Canadá tem.* (Experiência como tem o Canadá ou experiência que nem mesmo aquele país possui?)

Risco de vida

A mídia brasileira usa muito *risco de vida*, locução condenada por certos autores, que defendem, em seu lugar, *risco de morte*. O autor também prefere *risco de morte*, porque ninguém diz, por exemplo, que quem aposta na loteria *corre o risco de ficar rico*.

Risco pressupõe algo ruim, negativo, prejudicial. Mas há bons autores que falam em risco de vida. Portanto, se preferir, pode usar sem constrangimento.

Stricto sensu/lato sensu

São expressões latinas que significam *em sentido restrito* e *em sentido lato*, respectivamente. Observe a ordem correta. Estão erradas as formas *sensu strictu* e *sensu lato*, muito comuns entre geólogos brasileiros, provavelmente por influência do inglês.

Tanto (ou) quanto

Não existe a locução *tanto quanto*, tratando-se aí, na verdade, de dois adjetivos ou de dois advérbios.

Ex.: Devem ser feitas *tantas* cartas *quantos* forem os atributos estudados. (Adjetivos)

Quanto mais se detalhar a área, *tanto* mais o modelo se mostrará inaplicável. (Advérbios)

Ter que/Ter de

Ambas as formas são corretas.

Ex.: Temos *que* terminar logo o relatório.

Ele *tem de* examinar bem o problema.

Trata-se de

Use sempre no singular.

Ex.: *Trata-se de* um projeto de mapeamento.

Trata-se de rochas muito antigas.

Um dos que

Prefira o verbo no plural.

Ex.: O geólogo é *um dos* membros da equipe *que* mais trabalham.

Um dos únicos

Evite usar. Prefira *um dos poucos* ou *um dos raros*, por exemplo.

Se o número é reduzido e definido, o uso é aceitável.

Ex.: *Um dos* dois *únicos* geólogos que estiveram no local admite ser duvidosa a existência da falha.

Um total de, a maioria dos, grande número de, a maior parte de

Locuções desse tipo podem ser empregadas de duas maneiras quanto à concordância.

Ex.: Foram feitos, na área, *um total de* vinte furos./Foi feito na área *um total de* vinte furos.
A maioria dos geólogos fizeram o curso./A maioria dos geólogos fez o curso.
Nota: com valores em porcentagem, use o plural.
Ex.: *Cerca de* 30% dos furos *foram* concluídos.
Os 10% da gorjeta eu pago.

Outras locuções

Use	Não use
incerto ou não sabido	incerto e não sabido
palpos de aranha	papos de aranha
levar um tombo	cair um tombo

Quando uma pessoa viaja da capital para outra cidade do mesmo estado, a gente diz que ela foi *para o interior*. Mas, às vezes, dizemos: *Ela não está, foi pra fora*. *Pra fora* como, se ela foi para o interior? O certo seria *ela foi pra dentro*!

Outra coisa: se um deputado federal sai de Brasília e vai para outro país passear com o dinheiro do contribuinte, dizemos que ele foi *para o exterior*. Mas, se o mesmo deputado sai de Brasília e vai para o Rio, ninguém diz que ele foi *para o interior*.

E se uma pessoa está visitando um amigo e decide que é hora de ir embora, pode acontecer de ela dizer: *Bem, já é tarde, eu vou chegando*. *Chegando* de que jeito, se ela está saindo?

Pércio de Moraes Branco, *Eta Língua Complicada*!

15

SIGLAS E ABREVIATURAS

Os textos técnicos e científicos costumam conter formas abreviadas (*reduções* ou *braquigrafias*) que são empregadas de modo nem sempre correto ou adequado.

DEFINIÇÕES

Abreviatura é a representação de uma palavra por meio de alguma(s) de suas sílabas ou letras. É uma redução mais ou menos fixa e tradicional e pode ser formada apenas pela letra inicial, por algumas das primeiras letras, pela primeira e pela última letra ou ainda de outras formas.

    Ex.: *p.*= página
    art. = artigo
    ex. = exemplo
    Dr. = Doutor

Abreviação é uma redução feita especialmente para uso em certa obra especializada.

    Ex.: IR = índice de refração
    U(+) = uniaxial positivo
    Dur. = dureza

Sigla é uma redução que designa usualmente uma associação, empresa, órgão público, etc. São cada vez mais comuns, sobretudo na imprensa. (*O Estado de S. Paulo*, um importante jornal paulista, publicou, em 22 de outubro de 1992, uma matéria de 75 linhas com 32 siglas.)

Ex.: CPRM (Companhia de Pesquisa de Recursos Minerais)
DNPM (Departamento Nacional de Produção Mineral)
EFCB (Estrada de Ferro Central do Brasil)
As siglas são formadas pelas letras iniciais do nome (SBG), por letras e sílabas iniciais (*Petrobrás*) ou por combinações arbitrárias (CNPq).

Siglema é um tipo de sigla que tem caráter de palavra ou vocábulo.
Ex.: *Unesco, Siderbrás, Avianca.*

Sigloide é um tipo de sigla que, ao contrário do siglema, não constitui palavra ou vocábulo.
Ex.: *EUA, SBG, PM, CPRM.*

Além das siglas, abreviações e abreviaturas, há também os *símbolos*, muito usados em trabalhos técnicos.
Ex.: *m* (metro), *kg* (quilograma), *Pt* (platina).

GRAFIA DE SIGLAS

A norma jornalística, que adotamos e recomendamos, estabelece que:
- para siglas com até três letras, usam-se sempre letras maiúsculas. Ex.: *SBG, OAB, PAC.*
- siglas com mais de três letras que formam palavras devem ser grafadas com inicial maiúscula, e as demais letras, minúsculas. Ex.: *Cemig, Embrapa, Sabesp.*
- siglas com mais de três letras que não formam palavras são escritas com maiúsculas. Ex.: *DNPM, BNDES, INPC.*

Nota: UFRGS (Universidade Federal do Rio Grande do Sul) é lida como palavra, ignorando o *F*.

PREFIXOS COMO REDUÇÃO

Há prefixos que viraram substantivos, usados, porém, principalmente na linguagem informal.

Ex.: *quilo* (quilograma), *cine* (cinematógrafo, depois cinema), *auto* (automóvel), *foto* (fotografia), *metrô* (metropolitano), *micro* (microcomputador), *súper* (supermercado).

Nota: embora se use *hipermercado* para designar um estabelecimento comercial maior que um supermercado, os prefixos *hiper-* e *super-* têm exatamente o mesmo significado. A única diferença é que o primeiro é grego, e o segundo, latino.

Abreviaturas

Quando precisar abreviar uma palavra, interrompa-a numa consoante imediatamente anterior a uma vogal.

Ex.: *fórm.* (fórmula)
persp. (perspectiva)

Exceção: Segundo a ABNT (1989a), as abreviaturas dos meses devem ser feitas sempre com as três primeiras letras, exceto *maio*, que não se abrevia.

As abreviaturas oficiais de postos militares e as expressões de tratamento exigem símbolos nem sempre disponíveis nos programas de computador.

Ex.:

Abreviatura oficial	Alternativa
V. S.ª	V. Sa.
V. Ex.ª	V. Exa.
C$^{el.}$	Cel.
J^r	Jr.

Evite usar *s* nas abreviaturas de palavras no plural. Use *p.* como abreviatura de *página* e de *páginas*; *ex.* como abreviatura de *exemplo* e *exemplos*; etc.

Não receie usar *etc.*, contrariando o que aconselham alguns autores. Faça-o, porém, de modo correto e consciente.

- use essa abreviatura somente após uma sequência de pelo menos dois membros.

   Ex.: A *coleção inclui ágatas, ametistas, opalas, etc.*, e jamais A *coleção inclui ágatas, etc.*

- *etc.* deve substituir pelo menos dois membros da sequência. Se você não for capaz de acrescentar pelo menos mais dois elementos àqueles que citou, seja honesto e escreva todos os que sabe, sem empregar *etc.*

- se você prefere não usar essa abreviatura, escreva antes da sequência de nomes uma expressão como *por exemplo*, ou *incluindo*.

- antes de *etc.*, recomenda-se usar o mesmo sinal de pontuação que vinha sendo empregado para separar os termos relacionados (geralmente vírgula).

   Ex.: O pegmatito contém quartzo, feldspato, muscovita, etc.

   A geologia é variada: granitos e gnaisses no centro; metassedimentos ao norte; aluviões a sudeste; etc.

- não use reticências após *etc.* nem *e* antes.

- se a abreviatura *etc.* ficar no fim de uma frase, não repita o ponto.

- não use *etc.* para enumerar pessoas. *Et cetera* significa *e outras coisas*. (Ver item "Referências bibliográficas", p. 134.)

Não existe norma amplamente aceita para abreviar nomes de minerais, apenas algumas normas particulares, como no *Manual de Geologia* da CPRM.

A Conferência de Geografia (CNG, 1926) decidiu que *não serão usadas abreviaturas nos nomes geográficos*. Escreva, então, São Paulo (não S. Paulo), General Câmara (não Gal Câmara), etc.

   Essa regra deve ser seguida em textos. Em mapas, porém, a falta de espaço pode tornar indispensável a abreviação de nomes geográficos.

A abreviatura de *sociedade anônima* é S.A. Não use SA ou S/A.

Para abreviar os meses e os dias da semana, ver item "Datas" (Cap. 18, p. 149).

Siglas

Escreva as siglas do tipo sigloide com maiúsculas, sem ponto.
Ex.: *PFL, DNOS, BP*.
Nota: para evitar confusão, em algumas siglas usam-se letras minúsculas junto com maiúsculas. Ex.: *CNPq, UFBa*.

Leia as siglas letra por letra ou como palavra, mas não misture as duas formas.
Ex.: *Cnen* deve ser lida *c'ném* ou *cê-ene-é-ene*, não *ceném*.
Igusp deve ser lida *igusp* ou *i-gê-u-esse-pê*, não *igeúsp*.

A primeira citação da sigla deve ser acompanhada do nome completo.
Ex.: O trabalho mais antigo realizado na área deve-se ao *DNPM (Departamento Nacional de Produção Mineral)*. Em 1955, geólogos do DNPM mapearam...
Faça isso sempre, mesmo que a sigla seja muito conhecida.
O uso frequente de certas siglas desacompanhadas do nome completo leva ao esquecimento deste. É provável que você ignore, por exemplo, o significado de *Petrobrás, CNPq* e *Unesco*, embora saiba de que se trata.

Use *s* (minúsculo), sem apóstrofo, para indicar o plural de siglas.
Ex.: dois *BTNs*, três *PMs*.

Evite o uso de letras dobradas para indicar plural, exceto nos casos previstos em norma.
Ex.: *EUA*, não *EE. UU*.

Segundo Sacconi (1990, p. 127 e 157), o gênero da sigla é rigorosamente o mesmo do primeiro substantivo da expressão.
Ex.: a CPRM (a Companhia...)
o DNPM (o Departamento...)
Essa regra admite, porém, exceções, como Petrobrás (Petróleo Brasileiro S.A.).

Para órgãos estrangeiros com nome traduzido para o português, costuma-se usar a sigla correspondente à tradução.
Ex.: Bird, OIT, Opep, OLP, ONU, etc.
Há, porém, exceções: Unesco, FAO, etc.

Os siglemas devem ser escritos com apenas a inicial maiúscula e acentuados quando necessário.
Ex.: Sudene, Portobrás, Assempa, Avibrás.

O uso frequente de alguns siglemas acaba por transformá-los em substantivos comuns. Exemplos bem conhecidos são radar (radio detection and ranging), laser (light amplification by stimulated emission of radiation) e pert (program evaluation and review technique), entre outros.

No âmbito da CPRM, por exemplo, vários siglemas são usualmente empregados como substantivos comuns: Sureg (Superintendência ou Superintendente regional), Cieg (Centro Integrado de Estudos Geológicos), Geremi (Gerente ou Gerência de Recursos Minerais), etc.

Assim sendo, use essas reduções substantivadas da seguinte maneira:
a] quando designarem uma unidade administrativa específica, escreva-as com inicial maiúscula e as demais letras minúsculas.
Ex.: Deve-se dar todo o apoio necessário ao Cieg de Formações Superficiais.
A seleção de áreas será feita por geólogos da Sureg Porto Alegre (ou Sureg PA).

Nota: observe que não há necessidade de usar hífen ou barra. Escreva *Sureg BE, Cieg Gate*, etc., do mesmo modo que escreveria *agência Inamps* (de um banco), *Conjunto JK* (conjunto residencial), *filial IAPI* (de uma loja), *sucursal BH* (de um jornal), etc.

b] quando o siglema identificar o ocupante de um cargo, deve ser escrito também com inicial maiúscula.
Ex.: Por decisão do *Sureg*, o *Geremi* devolveu as notas fiscais sem explicações formais.

c] quando designar uma unidade administrativa qualquer, use apenas minúsculas.
Ex.: As *suregs* devem ter mais autonomia, mas sem abandonar práticas administrativas já padronizadas e bem aceitas.

Referências bibliográficas

Muitas vezes não se quer ou não se pode citar todos os autores de uma obra, por serem numerosos. A Sociedade Brasileira de Geologia (SBG), com base no *Merriam-Webster's new collegiate dictionary*, recomenda usar as seguintes expressões latinas: *et alii* (e outros), *et aliae* (e outras) e *et al*. (para ambos os gêneros).

Daniel, de quatro anos, estava no colo do pai, mas numa posição em que se sentia inseguro.
– Ai, pai! Me segura direito que eu estou caindo...
– Não está não, respondeu o pai. Eu estou segurando.
– Mas está fraquinha essa *segura*!

Pércio de Moraes Branco, *As últimas do Daniel*

16

INICIAIS MAIÚSCULAS E MINÚSCULAS

O emprego de maiúsculas não está claramente definido, sendo frequentes as dúvidas e controvérsias. Por conta dessa indefinição, veem-se casos de uso francamente abusivo.

Ex. (real): *Através de Mapas Geológicos, Fotos Aéreas e viagens de Campo, foram calculadas as dimensões aproximadas da Jazida.*

Nessa frase, a única maiúscula que se justifica é a primeira.

Adote as regras a seguir, além daquelas aceitas por todos, lembrando que constitui erro mais grave usar minúscula quando se deve empregar maiúscula do que o contrário.

QUANDO USAR MAIÚSCULAS

Nos nomes de ciências, artes e disciplinas.

Ex.: *Geologia, Biologia, Informática.*

Nota: use minúsculas quando o termo estiver sendo usado para designar um aspecto de uma região, de um ser vivo, etc.

Ex.: A *biologia* dos equinodermas é simples.

A *geologia* desta área é pouco conhecida.

Nos nomes de épocas, eras e períodos geológicos, em épocas históricas, em datas e fatos importantes e em nomes de festas religiosas.

Ex.: *Paleozoico, Permiano, Mississipiano, Natal, Idade Média, Revolução Farroupilha, Natal,* etc.

Use, porém, minúsculas nos adjetivos correspondentes. (Ver segunda regra do item "Quando usar minúsculas", p. 137.)

Em nomes de unidades estratigráficas, ciclos orogênicos, etc., ainda que informais.

Ex.: *Formação Serra Geral, Granito Capivari, Ciclo Transamazônico.*

Nota: seria melhor usar minúsculas na palavra que determina a categoria da unidade (ex.: *formação Serra Geral*), mas já é tradicional, no Brasil, o emprego de maiúsculas, mesmo porque assim é determinado pelo *Código de Nomenclatura Estratigráfica*.

Em todos os elementos dos substantivos próprios compostos, exceto os átonos.

Ex.: *Pré-Cambriano* (o período), *Não-me-Toque* (nome de uma cidade).

Em nomes de vias e lugares públicos.

Ex.: *Rua 24 de Maio, Praça da República, Praia de Capão Novo*, etc.

Nota: essa regra, presente em várias gramáticas, é contestada por Antônio Houaiss (1967), que defende o uso de minúsculas, a exemplo do que se faz com acidentes geográficos. Além disso, o *Aolp* diz ser opcional o uso de iniciais maiúsculas ou minúsculas nesse caso (Base XIX, 2º parágrafo, alínea i).

Em nomes de altos conceitos religiosos ou políticos.

Ex.: *a Democracia, o Povo, a Igreja, o Estado,* etc.

Nota: a palavra *estado* só é escrita com maiúscula quando designa *a entidade de direito público administrativo ou o conceito filosófico*. [...] *Já as divisões administrativas* [...] *devem ficar com inicial minúscula* (Moreno, 2014).

Ex.: Os observadores estrangeiros ficaram espantados com o tamanho do *Estado* (com a estrutura administrativa).

Os observadores estrangeiros ficaram espantados com o tamanho do *estado* (com a sua extensão territorial).

Nos pontos cardeais e colaterais, quando indicarem regiões.

Ex.: o *Norte*, o *Sudeste*, etc. (Ver regra "Pontos cardeais, colaterais e subcolaterais" do item "Termos técnicos" do Cap. 8, p. 66.)

Nos símbolos das unidades de medida cujos nomes derivam de nomes próprios. (Ver notas da primeira regra do Cap. 19 (p. 152) sobre os símbolos das unidades de medida.)

QUANDO USAR MINÚSCULAS

Nos nomes comuns que acompanham nomes geográficos.
   Ex.: *rio Passinho Fundo, serra Geral, sanga das Freiras, lagoa da Raia*, etc.

Nos adjetivos derivados de eras, períodos, etc. geológicos.
   Ex.: *sedimentação paleozoica, granitos brasilianos, vulcanismo mesozoico*.

Nos substantivos comuns dos títulos de livros, artigos, etc., exceto o primeiro, nas indicações bibliográficas.
   Ex.: FERREIRA, A. B. de H. *Novo Aurélio século XXI*. 3. ed. rev. aum. Rio de Janeiro: Nova Fronteira, 1999. 2.128 p.

Depois de dois-pontos.
   Ex.: Há várias unidades importantes: metamorfitos polideformados, sedimentos arenosos, vulcânicas riolíticas e depósitos cenozoicos de importância econômica.

Nos nomes de todas as unidades de medida e nos símbolos daquelas cujos nomes não derivam de nomes próprios. (Ver notas da primeira regra do Cap. 19, p. 152, sobre os símbolos das unidades de medida.)

17

Pronúncia de algumas palavras

Embora possam não constituir problema na redação, certos termos geram dúvida na hora de serem pronunciados, como na apresentação oral de trabalhos em congressos, aulas, etc. Alguns desses casos são apresentados a seguir.

Bauxita

A pronúncia culta é *baucsita*, a exemplo do francês *bocsite*. A palavra deriva de *Les Baux*, povoação da França. Segundo Antônio Houaiss, porém, prevalece no Brasil a pronúncia *bauchita* e é esta que ele e Sacconi (1989) recomendam. O Aurélio diz que é comum *bauchita*, mas prefere *baucsita*.

Circuito, fluido, fortuito, gratuito, intuito

A vogal tônica de todas essas palavras é o u, não o i (*gratúito, fortúito*, etc., mas *fluídico*, de *flu-i-dez*). Por isso é que não são acentuadas.

Dextrogiro/levogiro

No meio geológico, ouve-se muito *dextrógiro* e *levógiro* (proparoxítonas). Na pronúncia correta, porém, a sílaba tônica é a penúltima (*gi*). Escreva, pois, *levogiro* e *dextrogiro*, como está nos dicionários. Se a pronúncia correta lhe parecer inaceitável, pelo menos na escrita siga a regra.

Enclave/Encrave

Conforme se vê no *Aurélio*, não procede a atitude de certos geólogos que condenam o emprego de *enclave*, afirmando ser *encrave* o termo correto para designar fragmento de rocha incluído em outra rocha. *Aurélio* e *Houaiss* registram *encrave* como verbete principal, mas admitem as duas formas. O *Houaiss* explica que *enclave* é considerado um galicismo pelos puristas. O gênero, em qualquer um dos casos, é masculino.

ESPECIFICAMENTE

Trata-se, naturalmente, de palavra paroxítona. Há, porém, um acento secundário, que muitos colocam na sílaba *pe*, o que está errado. O advérbio deriva de *específico* e, portanto, o acento secundário recai sobre a sílaba ci (específica + mente).

MAGHEMITA

Não existe *h* mudo no meio de palavras no português, exceto em substantivos compostos ou derivados de nomes próprios. Mas o nome desse mineral provém da fusão de *magnetita* + *hematita*, o que torna inevitável a grafia *maghemita*, como se vê no *Houaiss*, e a pronúncia *maguemita*.

PLÁCER

Entre os geólogos do Brasil, ouve-se ora a pronúncia *plácer*, ora *plêicer*.

O *Glossary of Geology*, do American Geosciences Institute, um bom livro editado por uma boa instituição técnica, informa que *placer* é um termo da língua espanhola.

A consulta a um dicionário de espanhol mostra que, nesse idioma, a palavra tem dois significados:
- *prazer*, o mais conhecido;
- *depósito de areia*, que é o caso em foco.

Ora, sendo termo espanhol, não caberia a pronúncia *plácer* nem *plêicer*, e sim *placêr* (no plural, *placeres*), que ninguém usa no Brasil.

Como *Volp* e *Houaiss* registram *plácer*, escreva e pronuncie assim, usando o plural *pláceres*.

Quartzífero, quartzito, quartzoso, etc.

A letra z do substantivo *quartzo* tem som de ç (*quartço*). Esse som não se altera nos substantivos e adjetivos derivados daquele nome. Pronuncie, pois, *quartçífero, quartçoso, quartçito*, etc.

Roof pendant

Alguns geólogos condenam a pronúncia *ruf pandã*, alegando que se trata de palavra inglesa e que, portanto, deve ser pronunciada *ruf pêndã*.

Antônio Houaiss (comunicação pessoal, 1989) ensina que se trata de palavra híbrida, com um termo inglês (*roof*) e um francês (*pendant*). Está correta, pois, a primeira pronúncia.

Palavras híbridas são condenáveis sempre, em princípio. Esta, porém, é daquelas já consagradas. Há quem use a tradução portuguesa *teto pendente*, que elimina o problema da pronúncia mas tem validade discutível. Prefira a forma original.

Sub + s

Após o prefixo sub, a letra s tem som de ç, não de z.
Ex.: *subsídio* (çi), *subsistência* (çis).

Xerox

O *Aurélio* prefere o uso como paroxítona (*chérocs*), mas admite que se empregue como oxítona (*cherócs*). O *Houaiss* aceita as duas pronúncias, mas prefere a pronúncia como oxítona (*cherócs*). O *Volp* admite as duas pronúncias.

Fazer um(a) xerox é *xerocar, xeroxar* (csar), *xerografar* ou *xerocopiar*. O *Houaiss* prefere *xerocopiar*.

Nomes de minerais com a terminação -gita

A imensa maioria dos nomes de minerais terminados em -*gita* derivam de nomes que terminam em g.

Ex.: *loellingita* (de *Loelling*), *norbergita* (de *Norberg*), *staringita* (de *Staring*), etc. Segundo Antônio Houaiss (comunicação pessoal,

1986b), essa terminação admite duas pronúncias, a palatal (*gita*) e a gutural (*guita*). Pode-se, portanto, dizer *loellingita* ou *loellinguita*; *staringita* ou *staringuita*; etc., embora se escreva sempre com -*gita*. A tendência é prevalecer a pronúncia gutural.

Palavras que admitem duas pronúncias

Há um certo número de termos técnicos de Geologia que são geralmente escritos e pronunciados como paroxítonos no sul do país e como proparoxítonos em quase todo o resto do Brasil. Os dois usos são válidos, tanto que Antônio Houaiss pretendia registrar as duas formas no seu dicionário (comunicação pessoal, 1986b, 1989), remetendo o leitor da forma menos recomendável para a mais. A tendência é, acreditamos, usar esses termos como proparoxítonos porque:

- este já é o uso majoritário;
- é a forma adotada na região Sudeste, culturalmente a mais importante do país;
- há uma certa tendência a se colocar o acento na antepenúltima sílaba quando se trata de termos técnicos ou científicos;
- é a forma mais aceita no *Aurélio*;
- já se ouve, no Sul, *batólito*, *diáclase* e *córindon*, embora ainda não se use *epídoto* e *riólito*.

Veja a seguir uma relação de alguns desses casos. A letra A mostra a forma registrada ou preferida por *Aurélio*; H, por *Houaiss*; e V, a registrada pelo *Volp*.

batolito	batólito (A, V, H)
cataclase	catáclase (A, V, H)
coríndon (A, H)	córindon, corindon (V)
diaclase	diáclase (A, V, H)
epidoto	epídoto (A, V, H)
escapolita (A, V, H)	escapólita
estilolito (V)	estilólito (V, H)
estromatolito (V)	estromatólito (V, H)
fonolito	fonólito (A, V, H)

lacolito (V)   lacólito (A, V, H)
litotipo (V)   litótipo (V)
lopolito (V)   lopólito (V)
riolito (V)   riólito (A, V, H)
saprolito   saprólito (H, V)
zeolita   zeólita (A, V, H)

Notas:

a] Aurélio e Houaiss registram também como proparoxítonas *aerólito, coprólito, megálito, monólito, nefrólito, oólito e xenólito*, mas consideram paroxítona *cristalito*.

b] o Aurélio não registra *saprólito* nem *saprolito*, mas dicionariza *sapróbio, saprófago, saprófilo* e *saprófito*, o que leva a optar por *saprólito*.

c] outras palavras que admitem duas pronúncias são:
acrobata/acróbata
Balcãs/Bálcãs
Oceânia/Oceania
ômega/omega
polipo/pólipo
projétil/projetil
réptil/reptil
Segundo Cegalla (1979), a pronúncia da esquerda é a que está se impondo no Brasil.

pHmetro

O aparelho que mede o pH (potencial de hidrogênio) tem um nome fácil de pronunciar, mas complicado de escrever.

Peagâmetro é uma forma fácil de ler, mas estranha para quem usa o termo com frequência.

A forma *pHmetro*, ao contrário, é a mais fiel ao significado do termo, mas talvez só quem é da área saiba ler esse nome tão estranho.

Use *pHmetro*, que é a grafia utilizada pelos profissionais da área de recursos hídricos.

Pronúncia de algumas palavras | 143

Roraima

A pronúncia original, *Roraíma*, não é mais usada, e hoje se ouve no Norte mais *Roráima* (com o primeiro *a* aberto) e, no Sul, *Rorãima* (com o *a* anasalado). Faça sua escolha, lembrando da pronúncia de *andaime, Jaime, Elaine,* etc.

Outras pronúncias

coeso (ê)	e não coeso (é)
crisólita	e não crisolita (var. de olivina)
distinguir	e não distingüir
espécime(n)	e não especime(n)
estoura	e não estóra
extra (ê)	e não extra (é)
frear, freada	e não freiar, freiada
frustrar	e não frustar
hexágono (z)	e não hexágono (czá)
ibero (bé)	e não íbero
ínterim (propar.)	e não interim (oxítona)
lápis-lazúli	e não lápis-lázuli
letra e (é)	e não letra e (ê)
letra o (ó)	e não letra o (ô)
maquinaria, maquinário	e não maquinária
Nobel (é)	e não Nóbel
obsoleto (é)	e não obsoleto (ê)
ônix	e não onix
pântano	e não pantano
prazerosamente	e não prazeirosamente
recorde	e não récorde
rubrica	e não rúbrica
ruim (ru-ím)	e não ruim (úi)
superstição	e não supertição
tóxico (ks)	e não tóxico (chi)
transistor (tôr)	e não transístor

Verbos com a terminação -gnar

Atente para a pronúncia ao usar os verbos *designar, impregnar, indignar, repugnar,* etc. Não pronuncie como se houvesse um i tônico após o *g*.

Ex.: *Eu me indigno* (e não *indiguino*).
Ele *designa* (e não *desiguina*).
A mesma regra vale para os verbos terminados em -*ptar*, -*psar*, -*bstar* e -*tmar*.
Ex.: *Ele opta* (e não *opita*), *ele eclipsa* (e não *eclipissa*), *eu obsto* (e não *obisto*), *ele ritma* (e não *ritima*).

Linguagem formal, coloquial e inculta

No nosso dia a dia, nunca falamos do modo como escrevemos. O geólogo que escreve *Como o granito era importante, nós o amostramos em vários pontos da área para ver se havia muita variação*, conversando com um colega na mesa de um bar transmitiria a mesma informação de modo diferente. Provavelmente, ele diria: *Como o granito era importante, a gente amostrou ele em vários pontos da área pra ver se tinha muita variação*.

Essa é a linguagem coloquial. Não é, notem bem, linguagem inculta. Um auxiliar de campo analfabeto, mas familiarizado com o linguajar do geólogo, talvez dissesse: *Cumo o granito era importante, nóis amostremo ele em vários ponto da área pra vê se tinha muita variação*. Isso, sim, seria linguagem inculta.

A linguagem coloquial não é um modo de falar *errado*. É apenas uma maneira espontânea e informal de se expressar. Procure falar corretamente, mas sempre com naturalidade, e não como quem profere uma conferência.

18

NÚMEROS

Não há regras rígidas para o emprego dos números, embora algumas sejam seguidas pela maioria das pessoas.

NÚMEROS POR EXTENSO
Não inicie frases com algarismos.
Ex.: *Quarenta e cinco* anos atrás foi criada a CPRM.

Escreva por extenso os números ordinais e cardinais constituídos de um só vocábulo (numerais simples) e em algarismos os demais (numerais compostos).
Ex.: Havia *cinco* geólogos que, somados aos demais membros da equipe, totalizavam 22 pessoas.
O *primeiro* colocado fez um número de pontos quase igual ao do 11º.
Se os numerais *milhões, bilhões*, etc. forem precedidos de numerais compostos, estes serão escritos em algarismos, desde que não iniciem frase; do contrário, serão grafados por extenso.
Ex.: [...] 212 *milhões*, [...] 6,3 *bilhões, Vinte e um milhões* [...], *Meio trilhão* [...].

Quando for necessário escrever o mesmo valor em algarismos e por extenso (como em recibos), use sempre os algarismos em primeiro lugar.
Ex.: R$ 15.000,00 *(quinze mil reais)*.

Nomes coletivos no singular exigem verbo no singular.

Ex.: *Um milhão de cruzeiros foi gasto no projeto.*
Foi extraída só uma tonelada de minério.
Uma dúzia de análises é suficiente.
Se após *milhão, dúzia,* etc. aparece um *e,* o verbo vai para o plural.
Ex.: *Um milhão e quinhentos mil cruzeiros foram gastos no projeto.*
Foram feitas uma dúzia e meia de análises.

Não existe *cincoenta;* use *cinquenta.*

Prefira *catorze* a *quatorze (Houaiss).* Segundo Sacconi (1990), a pronúncia é sempre *catorze,* apesar da dupla grafia. Ele cita como outros exemplos: *quota/cota, quociente/cociente* e *quotidiano/cotidiano.*

Não se usa *um* ou *hum* antes de *mil,* pois a palavra *mil* é plural (Sacconi, 1990). Antes de *milhão, bilhão,* etc. pode-se usar *um* ou *hum,* pois *milhão* é singular de *milhões,* como *bilhão* o é de *bilhões.* Costuma-se, porém, escrever *hum mil* em cheques, recibos, etc. para evitar fraudes (a letra *h* serve para impedir que se adultere o documento mudando *um* para *cem*).

Segundo Sacconi (1990), *é preferível usar* primeiro *a* 1º, cinquenta *a* 50, mil *a* 1.000, quinze *a* 15, etc., ou seja, é preferível usar palavras a algarismos. O livro em que ele escreve isso intitula-se, porém, *1000 erros de português da atualidade.* Ele explica a contradição dizendo que é decorrência de sugestão feita pelo Departamento de *Marketing* de sua editora (Sacconi, comunicação pessoal, 1991).

Escrevendo por extenso, use números cardinais para os séculos e ordinais para os milênios.
Ex.: *O fim do século vinte coincidiu com o fim do segundo milênio da Era Cristã.*

Algarismos

Em tabelas, com símbolos de unidades de medida e ao citar anos, horas e páginas, use algarismos.
Ex.: *A demora poderá chegar a 2 h.*
A distância é de apenas 10 m.
A foto encontra-se na p. 23.

Frações ordinárias

Frações ordinárias devem ser representadas por algarismos, a menos que iniciem frase.
Ex.: *Faltaram 3/4 dos sócios convocados.*
Um quarto da área oferece dificuldades de acesso.

Quando o denominador é maior que dez e diferente de cem, mil, milhão, etc. é lido seguido da palavra *avo* se o numerador for um ou *avos* se for maior que um.
Ex.: 1/15 = *um quinze avo*
2/15 = *dois quinze avos*
Essa regra, defendida por Sacconi (1990) e outros autores, não é seguida por Cegalla (1979), Aurélio e Houaiss, que usam *avos* sempre.
Nota: a palavra *avo* vem de *oitavo* e *centavo* vem de *cento* + *avo*.

Algarismos romanos

Algarismos romanos são como vizinhos: só devemos usá-los quando absolutamente necessários... (Sacconi, 1990).

Limite o emprego desses algarismos aos casos já consagrados, por exemplo, denominação de reis, papas, etc. e de séculos.
Ex.: *Dom João VI, século XX, João Paulo II.*

Na designação de séculos, reis e papas, use ordinais de um a dez e cardinais daí em diante.
Ex.: Pio X = *Pio décimo*, Pio XI = *Pio onze*.

Jamais use, porém, a abreviatura indicativa de número ordinal.
Ex.: *Henrique VIII* (e não *Henrique VIII°*).

Na numeração de capítulos e na designação de eventos como congressos e simpósios, prefira algarismos arábicos.

Ex.: *capítulo 19, 39° Congresso Brasileiro de Geologia.*

Em algarismos romanos, só use letras maiúsculas.

NÚMEROS DECIMAIS E POTÊNCIAS DE DEZ

Separe a parte inteira da parte decimal sempre com vírgula.

Ex.: 23,567; 8,0; 233.501,28.

Os números que representam quantias em dinheiro, bens ou serviços em documentos para efeitos fiscais, jurídicos e/ou comerciais devem ser escritos com os algarismos separados em grupos de três, a contar da vírgula para a esquerda e para a direita, com pontos separando esses grupos entre si. (Inmetro, 1989).

Ex.: R$ 3.456.000,75

238.151,141.62 m²

Nos demais casos, é recomendado que os algarismos da parte inteira e os da parte decimal dos números sejam separados em grupos de três a contar da vírgula para a esquerda e para direita, com pequenos espaços entre esses grupos (por exemplo, em trabalhos de caráter técnico ou científico), mas é também admitido que os algarismos da parte inteira e os da parte decimal sejam escritos seguidamente, isto é, sem separação em grupos. (Inmetro, 1989).

Ex.: *O ano-luz tem 9 467 280 000 000 km.*

O logaritmo de dois é 0,30103.

Exceções: Nas datas, escreva o ano sem ponto. Também não utilize ponto nos códigos de endereçamento postal.

Ex.: *Em 13 de maio de 1947,...*

90050-180 Porto Alegre. RS.

Múltiplos de dez de valor elevado podem ficar melhor se expressos na forma exponencial.
Ex.: 100.000.000 ou 10^8
0,000.000.000.000.001 ou 10^{-15}
Note que o expoente é sempre igual ao número de zeros.

Não transmita ao leitor uma falsa ideia de precisão. Escrever 5 é diferente de escrever 5,0 ou 5,00. Para efeito de cálculos, o resultado é o mesmo, mas a última forma indica um grau de precisão muito maior que a primeira.

O resultado de operações com números decimais deve ter à direita da vírgula um número de algarismos correspondente ao menor grau de precisão existente entre os valores que entram no cálculo.

Ex.: 1,0 + 2,21 + 5,502 = 8,7 (não 8,71 ou 8,712)
2,0 x 5,31 = 10,6 (nunca 10,62)

Nota: com valores em reais, deve-se usar duas casas decimais, mesmo que a cifra seja arredondada.

Porcentagens

Tenha cuidado com porcentagens. Observe duas situações em particular:
a] se um item consome 30% do orçamento de um projeto, por exemplo, e outro consome 25%, a diferença de custo entre eles não é de *cinco por cento*, mas de *cinco pontos porcentuais*.
b] se um preço passa de R$ 100,00 para R$ 200,00, o aumento é de 100%, mas se passa de R$ 200,00 para R$ 100,00, a redução não é de 100%, e sim de 50%.

Datas

Expresse os dias do mês em algarismos arábicos, mesmo que se trate de numerais simples.

Ex.: Dia 13 *de maio*, quarta-feira, começará o curso Granitoides Brasileiros.
Dia 14 *de junho*, o curso estará concluído.

Notas:
a] o mês começa no dia 1°, não no dia 1.
b] em escrituras, atas e convites para cerimônias solenes, é comum se usar a data por extenso.
Ex.: *Aos quatorze dias do mês de junho de mil novecentos e quarenta e seis...*

Quando for necessário abreviar o dia da semana, faça-o como recomenda a ABNT (1989a): *2ª feira, 3ª feira, 4ª feira, 5ª feira, 6ª feira, sáb., dom.*

Na abreviação de datas, a ABNT (1989a) recomenda:
a] usar dois algarismos para o dia, dois para o mês e quatro para o ano;
b] separar dia, mês e ano com pontos (e não barra ou hífen).
Ex.: 13.05.1947 (e não 13-05-47 ou 13/5/1947).

Abrevie os nomes dos meses conforme recomenda a ABNT (1989a): *jan., fev., mar., abr., maio, jun., jul., ago., set., out., nov., dez.*

Notas:
a] *maio* deve ser sempre escrito por extenso.
b] usando maiúsculas, a ABNT (1989a) recomenda dispensar o ponto.
Ex.: *28 abr. 1976*, mas *28 ABR 1976*.

Outros casos

Nos números de telefone, separe com traço apenas o prefixo. Se for necessário o código de discagem direta, coloque-o antes dos demais números, entre parênteses.
Ex.: 3228-4969 (e não 3228-49-69).
(51) 9140-3736.

Só use zeros à esquerda de números inteiros quando forem realmente necessários, como em documentos destinados a processamento eletrônico, datas abreviadas, placas de automóveis, códigos de ligação interurbana ou internacional, etc.

Ex.: Fez-se a coleta de 21 amostras (e não 021 amostras).

> A vocação era tal que o fazia amar os próprios sinais das somas, e tinha esta opinião que os algarismos, sendo poucos, eram muito mais conceituosos que as vinte e cinco letras do alfabeto.
> – Há letras inúteis e letras dispensáveis, dizia ele. Que serviço prestam o *d* e o *t*? Têm quase o mesmo som. O mesmo digo do *b* e do *p*, o mesmo do *s*, do *c* e do *z*, o mesmo do *k* e do *g*, etc. São trapalhices caligráficas. Veja os algarismos: não há dois que façam o mesmo ofício; 4 é 4 e 7 é 7. E admire a beleza com que um 4 e um 7 formam esta coisa que se exprime por 11.
>
> Machado de Assis, em *Dom Casmurro*

19

Unidades de medida e seus símbolos

As unidades de medida e seus respectivos símbolos têm seu uso regulamentado por normas brasileiras e internacionais, logo, não devem ser empregados de modo descuidado.

Os símbolos das unidades de medida não têm plural e devem ser escritos sempre sem ponto.

Ex.:

Unidades	Símbolo
litro(s)	ℓ ou L (e não l, lts., ltrs.)
grama(s)	g (e não gr., grs. ou grms.)
quilômetro(s)	km (e não Km)
quilograma(s)	kg (e não Kg. ou kgs.)
metro(s)	m (e não m., mt. ou mts.)
hora(s)	h (e não h., hrs. ou hs.)
minuto(s)	min (e não m., ms. ou mts.)
segundo(s)	s (e não seg ou sgs)
metro(s) quadrados(s)	m² (e não mq)
centímetro(s) cúbico(s)	cm³ (e não cc)
quilate(s)	ct (ver regra sobre a massa das gemas na p. 154)
hertz	Hz (não use ciclos/segundo)
volt	V
watt	W
quilowatt	kW

Notas:

a] uma versão das Instruções aos Autores da antiga Revista Brasileira de Geociências (s.d.) dizia que os símbolos das unidades de medida devem ser escritos em minúsculas, o que é uma gene-

Unidades de medida e seus símbolos | 153

ralização descabida. Use maiúsculas quando o símbolo for derivado de nome próprio. Ex.: coulomb (C), kelvin (K), graus Celsius (°C), newton (N), ampère (A), etc.

b] Sacconi (1989) também manda usar sempre minúsculas. Entretanto, quando o autor lhe fez ver a improcedência dessa orientação, admitiu o equívoco e informou que o eliminaria na próxima edição de sua gramática.

c] quando escritos por extenso, os nomes das unidades começam por letras minúsculas, ainda que originados de nomes próprios. Ex.: watt, pascal, henry, kelvin, etc. Exceção: graus Celsius.

d] segundo o Inmetro (1989), o símbolo do litro será L quando não houver meios de diferenciar o algarismo 1 da letra l (minúscula).

Em textos correntes, deixe entre o símbolo e o número um espaço equivalente a uma letra ou meia letra (Inmetro, 1989).

Ex.: *2 h, 10 kg, 33 km*.

Exceções:

a] quando há possibilidade de fraude (com valores monetários, por exemplo);

b] em tabelas;

c] quando se usam juntos os símbolos de hora, minuto e segundo. Ex.: 2h 30min 10s.

Os nomes das unidades vão para o plural quando:
- são palavras simples.
  Ex.: *metros, kelvins, quilogramas*.
- são palavras compostas não unidas por hífen.
  Ex.: *quilômetros quadrados, centímetros cúbicos*.
- são termos compostos por multiplicação em que os componentes podem variar independentemente um do outro.
  Ex.: *watts-horas, ampères-horas*.

Nota: segundo o Inmetro (1989), *a menos que o nome da unidade entre no uso vulgar, o plural não desfigura o nome que a unidade tem no singular (por exemplo becquerels, decibels, etc.).* Decibels, porém, não é um bom exemplo, pois o plural *decibéis* já é de uso corrente.

Os nomes das unidades devem ficar no singular em dois casos:
- se formarem palavra composta, sendo unidos por hífen, só o primeiro vai para o plural.
  Ex.: *anos-luz, quilogramas-força.*
- quando correspondem ao denominador de uma unidade composta por divisão.
  Ex.: *quilômetros por hora, toneladas por metro cúbico*, etc.

Em trabalhos técnicos e científicos, recomenda-se usar mega-ano (Ma) para milhão de anos. Para bilhão de anos, use giga-ano (Ga) ou milhares de mega-anos.
Ex.: 1.500.000 anos = 1,5 Ma
2.500.000.000 anos = 2.500 Ma ou 2,5 Ga

Nota: lembre que, em alguns países da Europa, bilhão é um milhão de milhões, e não mil milhões, como no Brasil.

Não use os símbolos ' e " para designar minutos e segundos, respectivamente, se estiver se referindo a tempo. Esses símbolos devem ser empregados apenas para medidas de ângulos planos.

Use *graus Celsius*, não *graus centígrados*. Use *kelvins*, não *graus kelvin*.

Ao expressar intervalos de variação, repita a unidade de medida.
Ex.: A espessura da camada varia de 2 m a 3,5 m.
A idade situa-se entre 200 Ma e 300 Ma.

A massa das gemas é expressa em gramas quando brutas e em quilates quando lapidadas. O diamante, porém, tem sua massa expressa sempre em quilates (ABNT, 1989b).

UNIDADES DE MEDIDA E SEUS SÍMBOLOS | 155

Atenção! O quilate vale 2×10^{-1} g, não 2×10^{-1} kg, como consta no Quadro Geral de Unidades de Medidas do Inmetro (1989), aprovado pela Resolução nº 12, de 12.10.1988.

Em razão da Norma Técnica 10.630 (ABNT, 1989b) e como o quilate é unidade de medida amplamente utilizada em todo o mundo, inclusive no Brasil, o Inmetro o aceitou como unidade de medida temporária. O Quadro Geral de Unidades de Medida não o menciona na sua versão atual (Inmetro, 2013), mas o Inmetro admite o uso de unidades fora do SI (Sistema Internacional). No citado documento, consta: [...] *os cientistas, caso achem alguma vantagem particular em seu trabalho, devem ter a liberdade de utilizar, às vezes, unidades fora do SI* (Inmetro, 2013, p. 7).

Observe a relação dos prefixos usados para as potências de 10:

Prefixo	Símbolo	Fator pelo qual multiplica a unidade	Submúltiplos do metro
exa-	E	10^{18} = 1.000.000.000.000.000.000	exametro (Em)
peta-	P	10^{15} = 1.000.000.000.000.000	petametro (Pm)
tera-	T	10^{12} = 1.000.000.000.000	terametro (Tm)
giga-	G	10^{9} = 1.000.000.000	gigametro (Gm)
mega-	M	10^{6} = 1.000.000	megametro (Mm)
quilo-	k	10^{3} = 1.000	quilômetro (km)
hecto-	h	10^{2} = 100	hectômetro (hm)
deca-	da	10^{1} = 10	decâmetro (dam)
deci-	d	10^{-1} = 0,1	decímetro (dm)
centi-	c	10^{-2} = 0,01	centímetro (cm)
mili-	m	10^{-3} = 0,001	milímetro (mm)
micro-	µ	10^{-6} = 0,000.001	micrometro (µm)
nano-	n	10^{-9} = 0,000.000.001	nanometro (nm)
pico-	p	10^{-12} = 0,000.000.000.001	picometro (pm)
femto-	f	10^{-15} = 0,000.000.000.000.001	femtometro (fm)
atto-	a	10^{-18} = 0,000.000.000.000.000.001	attometro (am)

O Quadro Geral de Unidades de Medida determina que:

Na forma oral, os nomes dos múltiplos e submúltiplos decimais das unidades devem ser pronunciados por extenso, prevalecendo a sílaba tônica da unidade.

Assim sendo, os múltiplos e submúltiplos decimais do metro devem ser pronunciados com acento tônico na penúltima sílaba (mé), por exemplo, megametro, kilometro, hectometro, decametro [...].

No entanto, no Brasil, as únicas exceções a esta regra, que admitem dupla pronúncia, consagradas pelo uso com o acento tônico deslocado para o prefixo, são as palavras quilômetro, hectômetro, decâmetro, decímetro, centímetro e milímetro. (Inmetro, 2013, p. 5).

Entretanto, o uso já consagrou pelo menos mais duas exceções – micrômetro e nanômetro –, registradas inclusive no Volp e no Houaiss.

Sobre esse assunto, ver a coluna "Submúltiplos do metro" na relação dos prefixos usados para as potências de 10 (p. 155).

Para designar a milésima parte do milímetro, use micrômetro, no plural micrômetros (símbolo μm), não micro ou mícron (no plural, micra).

Micrômetro é também o nome de um instrumento usado para medir comprimentos muito pequenos.

As grafias *fento* (e não *femto*) e *ato* (e não *atto*) são admitidas em obras sem caráter técnico (Inmetro, 1989).

Evite combinar os prefixos que designam os múltiplos e submúltiplos. 10^{-9} metros, por exemplo, é um nanômetro, não um milimicrômetro (1 mμm).

Unidades que são multiplicadas devem ser representadas por simples justaposição de seus símbolos ou com um ponto entre eles, se houver possibilidade de ambiguidade.

Ex.: kWh (quilowatt-hora), VA, ms^{-2}.

Unidades que são divididas podem ser representadas por barra ou traço horizontal entre seus símbolos, ou ainda com expoente negativo para o denominador.

Ex.: *quilômetros por hora* = km/h, $\frac{km}{h}$ ou km.h^{-1}.

Deve-se empregar só uma unidade de determinada espécie. Ex.: *20,30 m, e não 20m 30cm.*

As unidades de tempo e de ângulo plano constituem exceções. Ex.: *20h 30min 10s, 20° 10' 15".*

Não use os símbolos das unidades como substantivos ou locuções.

Ex.: É preciso examinar com cuidado *cada centímetro quadrado* da amostra (e não *cada cm² da amostra*).

O Microsoft Word tem um corretor ortográfico que é muito útil. Acontece, porém, que ele sugere, às vezes, correções muito comprometedoras. Com isso, o usuário pouco atento pode aceitar a sugestão e se dar mal.

Certa época, quando eu fazia o boletim informativo dos colégios maristas, o Word sugeriu que eu trocasse *marista* por *marxista*!

Naquela mesma época, escrevi errado o nome da Ana Regina, minha cunhada, e ele sugeriu substituí-lo por *andrógina*! Se eu bobeio e aceito a sugestão, *tá* feita a porcaria.

Descrevendo o local onde foi comemorado o casamento do Rogério, filho de um casal amigo, eu quis dizer que era um ambiente *requintado*. Errei, e ele sugeriu corrigir escrevendo ambiente *requentado*...

Mas é preciso reconhecer que meu querido editor de texto tem imaginação. Um dia, quis digitar *porque* e saiu *porue*. Pois ele me sugeriu trocar meu erro por *frui*! Isso é que é imaginação!

Pércio de Moraes Branco, *Perigos de um corretor ortográfico*

20

Conjugação de alguns verbos

Nossa língua tem cerca de 11.000 verbos, dos quais mais de 10.000 são da primeira conjugaçãoo (Cegalla, 1979, p. 125). Também pertencem à primeira conjugação os verbos que constituem neologismos.

Todos os verbos são palavras oxítonas no infinitivo.

Segundo Alberto Gosch [s.d.], o *Aurélio* registra apenas dois verbos terminados em *-xer* (*mexer* e *remexer*) e dois em *-cher* (*encher* e *preencher*).

A ampla predominância de verbos da primeira conjugação explica por que as dúvidas com relação às formas verbais surgem geralmente no uso das outras conjugações.

Abolir, colorir, demolir, esculpir, exaurir e explodir

Esses verbos só existem nas formas em que vem *e* ou *i* após a última consoante. Não há, portanto, a primeira pessoa do singular do presente do indicativo.

Ex.:

-	-
tu colores	tu explodes
ele colore	ele explode
nós colorimos	nós explodimos
vós coloris	vós explodis
eles colorem	eles explodem

(Para lembrar, pense assim: *Todos explodem, menos eu.*)

Adequar

Só se conjuga nas formas arrizotônicas, ou seja, naquelas em que a vogal tônica está fora da raiz (*adequ-*).

No presente do indicativo, existem apenas duas formas:
-
-
-

nós adequamos
vós adequais
-

Fazer

Observe a forma correta dos tempos presente e pretérito perfeito.
Ex.: Não *fazemos* hoje o que *fizemos* ontem.
Análise química nós *fazemos* logo; geocronológica demora um pouco.

No sentido de *transcorrer tempo*, esse verbo é impessoal e, portanto, não flexiona.
Ex.: *Faz* 45 anos que foi criada a CPRM (e não *Fazem* 45 anos...).

Conjugam-se como *fazer* os derivados *desfazer, liquefazer, perfazer, refazer, satisfazer* e outros.

Haver

Quando significa *existir, acontecer* e *decorrer,* é impessoal e, portanto, não flexiona no plural. (Esse erro ocorre repetidas vezes no best--seller *O Alquimista.*)
Ex.: *Havia* cristais por toda parte (e não *Haviam...*).
Houve dois geólogos que mapearam a área em detalhe (e não *Houveram...*).

A regra vale também para o verbo auxiliar, se houver.
Ex.: *Deve haver* dois geólogos mapeando a área (e não *Devem haver...* ou *Deve haverem...*).
Vai haver dois congressos de Geologia (e não *Vão haver...*).

Quando é precedido de verbo no imperfeito ou no mais-que-perfeito, usa-se havia, não há.
Ex.: Ele estava ali havia muito tempo (e não ...há muito tempo).
Admite-se, porém, há em lugar de havia em dois casos:
a] quando o tempo é contado a partir do momento que se vive.
Ex.: Eles terminaram o trabalho há um mês.
b] se o imperfeito está no lugar do perfeito.
Ex.: Há 45 anos, surgia a CPRM. (surgia = surgiu).

INTERVIR

Conjuga-se como vir. Escreva, portanto:
ele interveio (e não interviu)
se eu interviesse (e não intervisse)
ele interviera (e não intervira)

POLIR

Presente do indicativo	Presente do subjuntivo
pulo	pula
pules	pulas
pule	pula
polimos	pulamos
polis	pulais
pulem	pulam

Conjugam-se da mesma forma os verbos despolir e repolir.

PÔR

Conjugam-se da mesma forma o verbo pôr e todos os seus derivados (compor, decompor, depor, dispor, expor, impor, interpor, justapor, predispor, pressupor, propor, recompor, repor, sobrepor, sotopor, superpor, supor e transpor, entre outros).

se ele dispusesse (e não disposse)
se ele se sobrepusesse (e não sobreposse)
se ele impuser (e não impor)
se você supuser (e não supor)

Note que pôr (verbo) é acentuado, mas os derivados, não.

Precaver

Só se conjuga nas formas arrizotônicas e regulares. Assim, no presente do indicativo tem-se:
-
-
-
- nós precavemos (ou nós nos precavemos)
- vós precaveis (ou vós vos precaveis)
-

Reaver

Só se conjuga nas formas em que o verbo haver tem a letra v. No presente do indicativo, por exemplo, tem-se:

Haver	Reaver
eu hei	-
tu hás	-
ele há	-
nós havemos	nós reavemos
vós haveis	vós reaveis
eles hão	-

No caso de formas inexistentes, a solução é usar um sinônimo, como *recuperar*. A mesma orientação vale para outros verbos.

Ter

Conjugam-se como *ter* todos os seus derivados.

ele mantém
eles mantêm
se eu mantivesse (e não mantesse)
se ele contiver (e não conter)
quando eu obtiver (e não obter)
eles retiveram (e não reteram)

Ver e vir

É fácil confundir esses dois verbos e seus derivados. Preste atenção:

Vir
ele vem, eles vêm
se eu viesse
se eu (ou ele) vier
nós vimos (presente)
nós viemos (passado)
se nós viermos

Ver
ele vê, eles veem
se eu visse
se eu (ou ele) vir (e não ver)
nós vemos (presente)
nós vimos (passado)
se nós virmos (e não vermos)

Conjugam-se como *ver* os verbos *antever, entrever, prever* e *rever* (mas não *prover* e *precaver*). Conjugam-se como *vir* os verbos *advir, afluir, concluir, constituir, convir, evoluir, incluir, influir, intervir, provir, restituir* e *substituir*, entre outros.

VIGER
Não existe o verbo *vigir*, existe *viger*, que se conjuga só nas formas em que, após o *g*, vem *e*.

FORMAÇÃO DO MODO IMPERATIVO
Imperativo afirmativo
Usa-se o presente do indicativo tirando-se o s final para tu e vós; para as demais pessoas, usa-se o modo subjuntivo.

Imperativo negativo
Usa-se o presente do subjuntivo para todas as pessoas, precedido de *não*.
Ex.: Verbo trabalhar

Presente do indicativo	Imperativo afirmativo	Presente do subjuntivo
tu trabalhas→	trabalha (tu)	trabalhes
você trabalha	trabalhe (você)	←trabalhe
nós trabalhamos	trabalhemos (nós)	←trabalhemos
vós trabalhais→	trabalhai (vós)	trabalheis
vocês trabalham	trabalhem (vocês)	←trabalhem

Presente do subjuntivo
trabalhes →
trabalhe→
trabalhemos→
trabalheis→
trabalhem→

Imperativo negativo
não trabalhes
não trabalhe
não trabalhemos
não trabalheis
não trabalhem

Notas:
a] o verbo ser faz o imperativo com sê (tu) e sede (vós).
b] o imperativo não tem a primeira pessoa do singular porque não há sentido em dar uma ordem para si próprio. Nas terceiras pessoas, só tem você e vocês, e não ele e eles.

Particípios regulares e irregulares

Usualmente os verbos têm uma só forma de particípio.

Ex.: *amostrado, mapeado, analisado, depositado,* etc.

Alguns, porém, possuem duas formas para esse tempo, uma dita *irregular*, que normalmente é usada com os auxiliares *ser* e *estar*, e outra, *regular*, que se costuma empregar com *ter* e *haver* (ver lista na página a seguir.

Ex.: Ele pensou que já *haviam imprimido* o relatório, porém logo verificou que nada *estava impresso*.

O verbo *ser* é usado para formar os tempos da voz passiva de ação e o verbo *estar,* os tempos da voz passiva de estado.

Ter e *haver* formam os tempos compostos da voz ativa.

Casos especiais

Com os verbos *ganhar, gastar* e *pagar,* prefira sempre o particípio irregular (*ganho, gasto* e *pago*).

Não use *chego* (de *chegar*) nem *trago* (de *trazer*) na função de particípio.

Alguns verbos só possuem o particípio irregular.

Ex.: *abrir (aberto), cobrir (coberto), dizer (dito), escrever (escrito), fazer (feito), pôr (posto), ver (visto)* e *vir (vindo).*

Alguns particípios irregulares deixaram de ser formas verbais, sendo hoje usados apenas como adjetivo ou substantivo. Ex.: anexo (de *anexar*), correto (de *corrigir*), disperso (de *dispersar*), restrito (de *restringir*).

Verbo	Particípio Regular (com *ter* e *haver*)	Particípio Irregular (com *ser* e *estar*)
abrir	-	aberto
aceitar	aceitado	aceito
acender	acendido	aceso
cobrir	-	coberto
dizer	-	dito
eleger	elegido	eleito
entregar	entregado	entregue
escrever	-	escrito
exaurir	exaurido	exausto
expelir	expelido	expulso
expressar	expressado	expresso
exprimir	exprimido	expresso
expulsar	expulsado	expulso
extinguir	extinguido	extinto
fazer	-	feito
ganhar (1)	ganhado	ganho
gastar	gastado	gasto
imprimir	imprimido	impresso
incluir	incluído	incluso
inserir	inserido	inserto
intrudir	intrudido	intruso (2)
isentar	isentado	isento
limpar	limpado	limpo
matar	matado	morto
morrer	morrido	morto
pagar (1)	pagado	pago
pegar	pegado	pego
pôr	-	posto
prender	prendido	preso
salvar	salvado	salvo

segurar	segurado	seguro
soltar	soltado	solto
submergir	submergido	submerso
suspender	suspendido	suspenso
tingir	tingido	tinto
ver	-	visto
vir	-	vindo

(1) Prefira sempre o particípio irregular.

(2) Forma inexistente no *Aurélio* e que Houaiss (comunicação pessoal, 1989, 1990) pretendia incluir no seu dicionário. A inclusão, porém, não ocorreu. Como *Aurélio* registra o verbo intrudir, deduz-se que ele admite o particípio intrudido.

VERBOS COM TERMINAÇÃO -*UAR* E -*UIR*

Quando o verbo termina no infinitivo em -*uir*, é conjugado com -*ui* na terminação.

Ex.: contribuir — contribui
possuir — possui
restituir — restitui
influir — influi

Quando termina no infinitivo em -*uar*, é conjugado com -*ue* no final.

Ex.: efetuar — efetue
continuar — continue

VERBOS PRONOMINAIS

É comum, em certas regiões do país, como o Rio de Janeiro, o uso de verbos pronominais sem o pronome oblíquo. Não cometa esse erro.

Ex.: Ele *formou-se* em Geologia (e não Ele *formou* em Geologia).

21

Emprego de alguns verbos

Achar/descobrir

Os verbos *achar* e *encontrar* devem ser, de preferência, usados para coisas que foram perdidas e estavam sendo procuradas. Para coisas cuja existência se desconhecia e que, por isso, não estavam sendo procuradas, prefira *descobrir*.

Adiar

Adiar é transferir para mais tarde. Se a mudança for para mais cedo, use *antecipar*.

Agradecer

Agradece-se algo a alguém.
   Ex.: Ele *agradeceu-nos* o conserto do carro.
   O diretor *agradeceu a ele* (ou *agradeceu-lhe*) a cópia do artigo.

Atingir

Atinge-se alguma coisa, não *a* alguma coisa.
   Ex.: A equipe certamente *atingirá* seu objetivo no prazo previsto.
   O projeto *atingiu* todos os seus objetivos.
   O *Houaiss* admite o uso como verbo transitivo indireto quando significa acumular, somar ou elevar-se até.
   Ex.: A temperatura *atingiu* (a) graus elevadíssimos.
   A inadimplência *atinge* (a) percentuais inéditos.

Cometer

Com *erro, falta, engano, injustiça, pecado, infração* e outros substantivos equivalentes, usa-se *cometer*, não *fazer*. Portanto, não se *faz* uma falta ou injustiça; *cometem-se* faltas e injustiças.

Consistir

Uma coisa consiste *em* (e não *de*)...

Ex.: O projeto *consiste em* mapeamento, prospecção geoquímica e cadastramento de ocorrências minerais.

Digitar/Digitalizar

Digitar é introduzir dados em um computador via teclado. *Digitalizar* é registrar ou expressar em forma digital dados não discretos, isto é, contínuos.

Dizer e falar

No sentido de declarar, afirmar, deve-se usar *dizer*, não *falar*.

Ex.: Ele *disse* que as análises estavam prontas (e não *Ele falou que as análises...*)

Falamos dos atrasos e ele *disse-nos* que não iriam mais ocorrer.

Sempre que for seguido de *que*, o verbo deve ser *dizer*, não *falar*.

Implicar

No sentido de *pressupor, acarretar*, uma coisa implica outra (e não *em* outra).

Ex.: O aumento do número de análises *implica* elevação do custo.

No sentido de *envolver-se*, exige a preposição *em*.

Ex.: Ele estava *implicado em* contrabando de diamantes.

Significando *ter implicância*, exige a preposição *com*.

Ex.: Não sei por que ele *implicou com* as cores do mapa.

Normalizar/Normatizar

Para o Aurélio, *normalizar* é submeter a norma ou normas, padronizar, e normatizar é estabelecer normas. Para o Houaiss, normalizar é estabelecer normas, padronizar, normatizar, sendo pois o mesmo que normatizar.

A ABNT (1988b) usa normalizar para designar tanto o trabalho de criar normas quanto o de submeter algo a normas já existentes, possuindo inclusive parecer de um especialista nesse sentido. O Inmetro (1989) segue o mesmo critério, inclusive em seu próprio nome, Instituto Nacional de Metrologia, Normalização e Qualidade Industrial.

Fora dessas entidades, porém, a forma normatizar tem sido usada com frequência muito maior.

Pedir

Pede-se alguma coisa a alguém.
Ex.: *Ele pediu a coleta de dez amostras ao seu auxiliar.*
Ele pediu-me a coleta de dez amostras.

Evite, portanto, construções do tipo *Ele pediu para o auxiliar coletar dez amostras* ou *Ele pediu para eu coletar dez amostras*. Pior ainda é *Ele pediu para mim coletar*.

Pede-se a alguém alguma coisa para outrem.
Ex.: *Vou pedir-lhe um martelo para meu colega.*
Peça a ele um martelo para seu colega.

Preferir

Prefere-se uma coisa a outra. Na linguagem coloquial, porém, o normal é ouvir-se *prefiro (uma coisa) do que (outra)*.

Ex.: Ele *prefere* mapear uma área menor em detalhe *a* mapear uma folha inteira em escala 1:250.000.

Nunca escreva *prefiro mais* ou *é mais preferível*. Escreva simplesmente *prefiro* ou *é preferível*.

Protocolar/protocolizar

Protocolizar é o ato de registrar em protocolo. Protocoliza-se, por exemplo, um requerimento de pesquisa no Departamento Nacional de Produção Mineral (DNPM).

Protocolar pode ser adjetivo (ex.: *linguagem protocolar*) ou verbo. Como verbo, tem o mesmo significado de *protocolizar*, mas é, segundo Aurélio e Houaiss, um brasileirismo. Prefira, pois, o verbo *protocolizar*.

Quadruplicar

Escreva *quadruplicar*, não *quadriplicar*.

Relacionar-se

Segundo Sacconi (1990), uma coisa relaciona-se *com* outra, não *a* outra. Há autores, porém, que aceitam as duas construções.

Ex.: A deformação está relacionada *com* (ou *a*) intensos esforços tangenciais.

Residir

Algo ou alguém reside *em* (e não *a*) algum lugar.

Ex.: Residimos *na* Rua da República (e não *à Rua da República*).

Fulano de Tal, *residente na* Praça Dom Feliciano, [...].

O problema *reside no* custo do levantamento aéreo.

Reverter

Reverter significa *retornar*, não *inverter*. Não se deve, portanto, dizer e escrever que algo *reverteu* o quadro (a situação, o panorama).

Ter e existir

Não use o verbo *ter* com significado de *existir*. Nessa acepção, empregue *haver*.

Ex.: Na área, *há* duas minas (e não *tem duas minas*).

No fim da década, *haverá* poucas áreas a pesquisar (e não *terão poucas áreas a pesquisar*).

Visar

Com o sentido de *ter por fim ou objetivo, ter em vista*, pode ser transitivo direto (visar alguma coisa) ou indireto (visar a alguma coisa).

Ex.: A sondagem *visa* confirmar o prolongamento da jazida para Oeste.

O Projeto Florianópolis *visou ao* mapeamento da folha SC.22-Z-D-V.

Com o sentido de *pôr visto*, é transitivo direto.

Ex.: Já *visaram* o meu passaporte.

Verbos seguidos de data

Com verbos seguidos de data, pode-se usar as preposições *a* ou *em*, indiferentemente.

Ex.: Inaugurado *em* 13 de maio de 1990...
Encerra-se *a* 7 de abril o prazo...

Infinitivo após preposição

Pasquale Cipro Neto (2004) diz que O emprego do infinitivo não é lá flor que se cheire [...].

Celso Cunha afirma que:

> O emprego das formas flexionadas e não flexionadas do infinitivo é uma das questões mais controvertidas da sintaxe portuguesa. Numerosas têm sido as regras propostas pelos gramáticos para orientar com precisão o uso seletivo das duas formas. Quase todas, porém, submetidas a um exame mais acurado, revelaram-se insuficientes ou irreais. [...] Por tudo isso, parece-nos mais acertado falar não de regras, mas de tendências que se observam no emprego de uma e de outra forma do infinitivo. (Cunha, 1978, p. 331).

E Domingos Paschoal Cegalla (1979) diz que o emprego do infinitivo em português é matéria

> complexa e controvertida e não se podem traçar regras absolutas e infalíveis. [...] Nesta, como em todas as questões de linguagem, deve-se atender, antes e acima de tudo, às exigências do bom gosto literário, à harmonia da frase e à clareza da expressão. (Cegalla, 1979).

Por essas opiniões, pode-se bem avaliar o tamanho desse problema. Contudo, Cipro Neto (2004) ensina que infinitivo após uma preposição pode ou não ser flexionado, dependendo da situação:

- se o verbo da oração principal e o infinitivo têm o mesmo sujeito, pode-se flexionar ou não o infinitivo.

  Ex.: Os geólogos gaúchos foram ao Congresso de Geologia para *assistir* (ou *assistirem*) ao debate.

- se o verbo da oração principal e o infinitivo têm sujeitos diferentes, a flexão é obrigatória.

  Ex.: Os geólogos gaúchos foram ao Congresso de Geologia para seus colegas baianos *acreditarem* no seu apoio durante o debate.

Quando a preposição é *a*, normalmente se usa o singular (infinitivo não flexionado).

Ex.: Os dois feriados vieram bem a *calhar*.

Estes problemas nada têm *a ver* com Geologia.

Em caso de dúvida, não flexione o infinitivo. A probabilidade de acertar será muito grande.

GERÚNDIO DESLOCADO

Com gerúndio, prefira colocar o verbo antes do sujeito.

Ex.: *Conhecendo o geólogo* a natureza das encaixantes, consegue prever as reações que nelas podem ocorrer (e não *O geólogo, conhecendo a natureza...*).

22

Alguns casos de concordância

Definição

Concordância é o princípio sintático segundo o qual as palavras dependentes se harmonizam, nas suas flexões, com as palavras de que dependem... (Cegalla, 1979, p. 286).

A maioria dos erros de concordância são cometidos por distração ou por falta de revisão.

Ex. (reais): *A cada ano as reservas são aumentadas e, em alguns casos, compensou o que foi lavrado no mesmo período* (em lugar de *compensaram o que foi lavrado*).

Muitos costumes da festa do deus Sol chegou até nós (em vez de *chegaram até nós*).

Há situações, porém, em que a concordância é mais complexa, admitindo duas construções. Nesses casos, deve-se optar por aquela mais adequada em termos de eufonia, clareza e bom gosto (Cegalla, 1979).

Concordância nominal

O adjetivo que se refere a dois ou mais substantivos de gênero ou número diferentes e que vem após eles poderá concordar no masculino plural ou com o substantivo mais próximo.

Ex.: Comprei berilos e turmalinas *rosados*.

Comprei berilos e turmalinas *rosadas*.

Se, ao contrário, dois ou mais adjetivos referem-se a um só substantivo, há duas opções também.

Ex.: As duas rochas mostram claras semelhanças nas composições química e mineralógica.

As duas rochas mostram claras semelhanças *na composição* química e *na* mineralógica.

Se o sujeito é constituído por substantivos de gêneros diferentes, o predicativo concorda no masculino plural. (Predicativo é o atributo, estado ou modo de ser do sujeito ou do objeto.)
Ex.: O euclásio e a alexandrita são *raros* aqui.
Pode haver concordância com o substantivo mais próximo, mas só se o predicativo vier antes do sujeito.
Ex.: Aqui é *rara* a alexandrita e o euclásio.

Se o sujeito é um pronome de tratamento, a concordância se dá com o sexo da pessoa a quem nos referimos.
Ex.: V. S.ª será *informado* (dirigindo-se a um homem).
V. S.ª será informada (dirigindo-se a uma mulher).

Com locuções do tipo *é bom*, *é necessário*, *é preciso*, etc., o predicativo pode ficar no masculino singular mesmo que o sujeito seja feminino ou plural, desde que esse sujeito seja equivalente a uma oração com verbo no infinitivo.
Ex.: Dizem que *ametista é bom* para curar o alcoolismo. (Ametista = usar ametista.)
Se o sujeito inicia por artigo, o predicativo concorda com ele.
Ex.: Dizem que *a ametista é boa* para curar alcoolismo. (A introdução do artigo *a* exige a concordância do predicativo, ou seja, *boa*.)

CONCORDÂNCIA VERBAL

Quando o sujeito é composto e de pessoas diferentes, o verbo vai para o plural, na pessoa que tiver prevalência, conforme a regra que diz que a primeira pessoa prevalece sobre a segunda e a terceira e que a segunda pessoa prevalece sobre a terceira.
Ex.: *Ele e eu somos...* (terceira e primeira – prevalece a primeira).
Tu e Paulo sabeis... (segunda e terceira – prevalece a segunda).

Eu e tu temos ... (primeira e segunda – prevalece a primeira).

Se o sujeito é uma expressão partitiva (*a maior parte de, a maioria de, grande número de, metade de,* etc.) seguida de especificador no plural (*dos furos, dos afloramentos, das amostras,* etc.), o verbo pode ir para o singular ou para o plural.

Ex.: A maioria dos furos *foram* negativos.
A maioria dos furos *foi* negativa.

Com pronomes de tratamento, o verbo é usado na terceira pessoa, embora se refira à segunda (o destinatário da mensagem).

Ex.: V. S.ª *sabe* de nossas dificuldades financeiras.

Substantivos próprios que só têm plural levam o verbo para o plural quando usados com artigo; caso contrário, o verbo fica no singular.

Ex.: Os Estados Unidos *são* líderes em Informática.
Montes Claros *é* uma cidade progressista.

Com o pronome apassivador *se*, o verbo deve concordar com seu sujeito (embora, na literatura moderna, haja exemplos em contrário).

Ex.: *Analisaram-se* todos os granitos (e não *Analisou-se todos os granitos*).

Nos casos que envolvem porcentagens, há duas possibilidades:
- o verbo concorda com o número porcentual.
    Ex.: Cerca de 60% da turma *concordaram* com o professor.
- o verbo concorda com o especificador do número porcentual.
    Ex.: Cerca de 60% da *turma concordou* com o professor.

Nota: Se o número porcentual é precedido de algum determinante, como *os, esses,* etc., o verbo concorda com esse determinante.

Ex.: Os 60% da turma *que concordaram* com o professor aplaudiram.

Pasquale Cipro Neto (2005b) diz que a primeira opção é vista apenas *aqui e ali*, enquanto a segunda *obedece ao critério adotado pela quase totalidade dos [...] grandes jornais e revistas do país*. E acrescenta:

> A opção pela concordância fixa com o número percentual pode gerar monstrinhos semelhantes a estes:
> De acordo com essa pesquisa, 1% das mulheres ficou grávido depois de ingerir [...].
> Os dados comprovam que 20% das mulheres entrevistadas estão contaminados [...]. (Cipro Neto, 2005b).

A concordância do verbo com frações mostra a mesma indefinição.

Pasquale Cipro Neto (2005c) diz que *predominam os casos em que o verbo concorda com o numerador da fração*.

Ex.: Apenas 1/3 das amostras foi analisado.

Cerca de 2/3 da área estão mapeados.

O mesmo autor nota que *começa a acentuar-se a opção pela concordância [...] com o especificador da fração, sobretudo quando se trata de verbos como ser, ficar, estar, etc.*

Ex.: Apenas 1/3 das amostras foram analisadas.

Outros casos de concordância verbal podem ser vistos no Cap. 21.

Outra coisa: a gente diz *calçar uma bota* e *botar uma calça*. Qual é a lógica? Deveria ser botar uma bota e calçar uma calça! Mas, se a gente disser *calçar uma calça*, como fica o caso do sapato? Deveria ser *sapatear um sapato*, só que sapatear é outra coisa, bem diferente...

Pércio de Moraes Branco, *Eta Língua Complicada!*

23

Sinais de pontuação

Não há uniformidade, entre os escritores, quanto ao emprego dos sinais de pontuação, não sendo possível traçar regras absolutas sobre o assunto (Cegalla, 1979, p. 38).

Ponto

Sinal de uso frequente, mas que não costuma gerar muitas dúvidas. Textos técnicos devem ser concisos e objetivos, dando-se preferência a frases curtas. Por isso, na dúvida entre usar ou não ponto, use-o.

Não use ponto no final de títulos.

Quando se usam parênteses no final de uma frase, o ponto geralmente fica fora deles.

Ex.: Os diques de lamprófiro não são muito raros (pelo menos nos granitos mais antigos).

Entretanto, quando a informação dentro dos parênteses constitui uma frase completa, independente, o ponto fica dentro.

Ex.: Os diques de lamprófiro não são raros nos granitos mais antigos. (Na zona norte, há granitos arqueanos que mostram diques dessa natureza.)

Vírgula

Esse sinal é muito importante e deve ser usado corretamente, sob pena de, algumas vezes, mudar o sentido da frase, até mesmo o invertendo. Ao contrário do ponto, em caso de dúvida é melhor não usá-la.

Se você aprendeu que a vírgula marca uma pausa de curta duração, acredite, mas não leve isso ao pé da letra. Há casos em que se faz pausa, mas não se pode usar vírgula, e outro em que, ao contrário, se deve usar vírgula, mas não se faz pausa.

Nunca use vírgula entre sujeito e predicado.
Ex.: Esta área ocupa duas folhas de um grau por um grau. (Sem vírgula entre *área* e *ocupa*.)

Quando o sujeito é composto ou representado por várias palavras, pode ser forte a tendência a pôr vírgula. Resista.
Ex.: Os granitos porfiríticos aflorantes na porção norte da área mapeada assemelham-se aos granitos da porção sul na composição. (Sem vírgula entre *mapeada* e *assemelham-se*, apesar da pausa.)
Os granitos finos e os diques de riolito pórfiro afloram em toda a região norte do município.

Se o sujeito for composto, poderá conter vírgula; esta, porém, não aparecerá entre ele e o predicado.
Ex.: A calcita, a aragonita, a estroncianita e a siderita são carbonatos comuns.

O sujeito pode ser seguido de uma expressão *entre vírgulas*, o que é um caso diferente dos anteriores.
Ex.: Os granitos porfiríticos, aflorantes na porção norte da área mapeada, assemelham-se aos granitos da porção sul na composição.
Esses casos são comuns quando se intercala uma oração explicativa. Examine as frases a seguir:
O geólogo, que estudou Mineralogia, sabe bem o que é um plagioclásio.
O geólogo que sabe inglês tem maiores chances de sucesso no exterior.
Na primeira, *que estudou Mineralogia* é uma oração explicativa. Ela traduz uma explicação ou informação adicional que pode ser eliminada sem que a frase perca o sentido. Na segunda, porém, *que sabe inglês* é uma oração restritiva e não pode ser eliminada sem prejudicar o conteúdo. Essa é a razão de se usarem vírgulas no primeiro exemplo, mas não no segundo.

O caráter restritivo ou explicativo de uma oração nem sempre é claro e muitas vezes só o autor o conhece. Por isso, é fundamental que se use corretamente a vírgula nesses casos.

No exemplo já citado Os granitos porfiríticos aflorantes na porção norte da área mapeada assemelham-se aos da porção sul, a parte aflorantes na porção norte da área mapeada tem um caráter restritivo, não explicativo; está distinguindo os granitos porfiríticos da porção norte de outros granitos porfiríticos. Desse modo, se eliminado aquele trecho, a frase ficará prejudicada em seu conteúdo, podendo deixar o leitor em dúvida a respeito de quais granitos porfiríticos o autor está mencionando. (Pode haver granitos porfiríticos na porção oeste da mesma área, por exemplo.)

Já no exemplo Os granitos porfiríticos, aflorantes na porção norte da área mapeada, assemelham-se aos granitos da porção sul na composição, temos uma frase semelhante, em que aquele trecho aparece com um caráter explicativo.

Esse é um caso em que o emprego indevido de vírgulas pode mudar o sentido da frase, talvez sem o leitor perceber.

Não use vírgula entre o verbo e o complemento.
Ex.: A equipe de mapeamento espera definir as relações de contato. (Sem vírgula entre definir e as relações...)

Usa-se vírgula para substituir uma ou mais palavras.
Ex.: O arenito é cambriano e o siltito, ordoviciano. (A vírgula substitui é.)

As conjunções normalmente aparecem no início da oração (não necessariamente no início da frase), sendo precedidas de vírgula.
Ex.: As atividades de campo serão interrompidas, visto que não há veículos disponíveis.

Nota: as conjunções adversativas (todavia, porém, contudo, entretanto, etc.) e as conclusivas (portanto, logo, por isso, pois, por conseguinte) podem ser colocadas no meio da oração, entre vírgulas, ou no seu final, entre vírgula e ponto.

Ex.: Os recursos foram aprovados; não foram, porém, liberados.

Os recursos foram aprovados; não foram liberados, porém.

A locução adverbial normalmente aparece depois do objeto. Se vier antes, ficará separada por vírgulas.

Ex.: Será necessário voltar à área *no final do mapeamento*. (Posição normal.)

No final do mapeamento, será necessário voltar à área. (Deslocada.)

Não há dúvida de que, *no final do mapeamento*, será necessário voltar à área. (Deslocada.)

Recomenda-se que o advérbio que inicia frase também seja seguido de vírgula. No interior dela, porém, o sinal é dispensável.

Ex.: *Atualmente*, a Deriva Continental é uma teoria amplamente aceita.

A Deriva Continental *atualmente* é uma teoria amplamente aceita.

Usa-se vírgula antes das orações reduzidas de gerúndio.

Ex.: Os ensaios tecnológicos foram feitos rapidamente, mostrando a eficiência do laboratório.

Os resultados das análises foram excelentes, confirmando a interpretação de campo.

Antes de *etc.*, a vírgula é optativa. Houaiss não usa, mas *Aurélio* e *Volp*, sim. Luft (1974, p. 93) recomenda repetir o sinal de pontuação que vinha sendo usado, que pode ser vírgula, ponto e vírgula ou mesmo ponto.

Ex.: A série dos plagioclásios inclui albita, oligoclásio, labradorita, etc.

O relatório foi inconclusivo; mal redigido; incompleto nas ilustrações; etc.

O convocado não compareceu. Não justificou a ausência. Não pediu agendamento de nova audiência. Etc.

Dois-pontos

Sinal que precede *uma fala direta, uma citação, uma enumeração, um esclarecimento ou uma síntese do que foi dito antes, etc.* (Houaiss, p. 1072).

Ponto e vírgula

É muito útil quando empregado corretamente. Se a frase tiver muitas vírgulas e lhe parecer pouco clara, tente usar ponto e vírgula.

Use sobretudo para separar os membros de uma sequência de fatos, coisas, etc. que não sejam simples palavras.

Ex.: A Suíte Cambirela compreende riolitos pórfiros de cor cinza; riolitos róseos, pórfiros como os primeiros; granitos subvulcânicos e granitos finos a médios, cinza.

Ponto de exclamação

Praticamente não tem utilização em textos técnicos de Geologia e ciências correlatas.

Ponto de interrogação

Também tem pouca utilização em nossos textos técnicos. Use-o entre parênteses após nomes de minerais ou rochas, por exemplo, para expressar dúvida quanto a sua correta identificação.

Reticências

Praticamente sem uso também. Empregue-as entre colchetes para indicar trechos suprimidos em transcrições. Não use essa pontuação depois de *etc.*

Travessão

Prefira o travessão, e não o hífen, para ligar palavras ou grupo de palavras que formam uma espécie de cadeia na frase.

Ex.: A fronteira Brasil – Uruguai [...].
[...] no eixo São Paulo – Rio – Belo Horizonte.

Travessões podem equivaler aproximadamente a parênteses, sendo usados para intercalar uma frase (ou palavra) em outra.

Ex.: As melhores exposições estão ao longo do rio Passinho Fundo, e a chamada – exatamente por isso – Formação Passinho Fundo é um conglomerado que constitui a base do pacote sedimentar.

Se a intercalação quebrar muito o ritmo da frase, é preferível usar parênteses.

Ex.: As melhores exposições estão ao longo do rio Passinho Fundo, e a base do pacote sedimentar (Fm. Passinho Fundo) é representada por um conglomerado.

Em caso de dúvida, não use travessão. Dê preferência aos parênteses.

Ao contrário do que se faz com o hífen, deve-se deixar um espaço entre o travessão e as palavras entre as quais ele está intercalado.

Colocação do sinal

Não se deve deixar espaço entre o sinal de pontuação e a palavra que o antecede, embora o ponto de exclamação possa confundir-se um pouco com o final daquela palavra. O travessão é uma exceção, conforme já apontado.

> Embrulho em frases todas as minhas dúvidas (enganosamente, há quem me julgue tranquila e resolvida).
> Amarro com fitas de vírgulas e pontos os meus pacotes de perplexidade, e vou soltando em livros para quem quiser ler.
> Exclamações, não aprecio; reticências me parecem débeis e hesitantes, e talvez eu abuse da interrogação; ponto-e-vírgula é ótimo para insinuar.
> Lya Luft, "Ponto-e-vírgula", *Zero Hora*, 24.01.2004

Mas tenho um temor e uma frustração. Jamais usei ponto-e-vírgula. Já usei "outrossim", acho que já usei até "deveras" e vivo cometendo advérbios, mas nunca me animei a usar ponto-e-vírgula. Tenho um respeito reverencial por quem sabe usar ponto-e-vírgula e uma admiração ainda maior por quem não sabe e usa assim mesmo, sabendo que poucos terão autoridade suficiente para desafiá-lo. Além de conhecimento e audácia, me falta convicção: ainda não escrevi um texto que merecesse ponto-e-vírgula. Um dia o escreverei e então retirarei o ponto-e-vírgula do estojo com o maior cuidado e com a devida solenidade o colocarei, assim, provavelmente no lugar errado, mas quem se importará?

Luis Fernando Verissimo, "Ponto-e-vírgula", *Zero Hora*, 18.04.1999

Você certamente já conhece a do ponto que tentou entrar no baile dos asteriscos e foi barrado na porta.
– O baile é só para asteriscos.
– Mas eu sou um asterisco.
– Você é ponto.
– Sou asterisco. É que eu uso gel. [...]
O travessão também tentou enganar o porteiro, dizendo que era uma limusine com asteriscos dentro. O ponto, decidido a passar por asterisco, não desistiu e pediu a um amigo:
– Me dá um susto, rápido!
[...] A vírgula já tinha convencido o porteiro de que era um asterisco de cabelo liso, mas o rabo de fora foi sua perdição.
– Está bem – disse o porteiro. Mas o gato não entra.
O acento circunflexo alegou que era parte de um asterisco e que o resto chegaria depois. Não levou. As reticências e o trema se juntaram e tentaram intimidar o porteiro pelo seu número, mas também não entraram.
O ponto de exclamação tentou ganhar do porteiro no grito, inutilmente.
[...]

Luis Fernando Verissimo, "O baile dos asteriscos", *Zero Hora*

24

ACENTUAÇÃO GRÁFICA

A acentuação no português é um horror (Almeida, 1993, p. 131).

Para acentuar corretamente, lembre inicialmente que:
- hiato é o encontro de duas vogais que pertencem a sílabas diferentes. Ex.: *bainha, crocoíta, realgar.*
- ditongo é o encontro de duas vogais que pertencem à mesma sílaba. Ex.: *água, demantoide, piroxênio, fáceis.*
- ditongo crescente é aquele em que a segunda vogal é mais forte que a primeira. Ex.: *quadrícula, quartzo, guanita, substância,* etc.

Para saber qual a vogal mais forte, tente pronunciar a palavra sem uma delas e, depois, sem a outra. A forma mais parecida com a correta é a que possui a vogal mais forte. Ex.: *garaná* é mais parecido com *guaraná* que *guraná*. Logo, o *a* é mais forte que o *u* nessa palavra e o ditongo é crescente.

PALAVRAS PROPAROXÍTONAS
Acentue todas.
Ex.: *hábito, Geoquímica, magnético,* etc.

Acentue também as proparoxítonas eventuais (paroxítonas terminadas em ditongo crescente).
Ex.: *frequência, cálcio, anfibólio, róseo,* etc.

PALAVRAS PAROXÍTONAS
Acentue aquelas terminadas em:
-ã, -ão, inclusive no plural. Ex.: *ímã, órgãos,* etc.;
-i, inclusive no plural. Ex.: *júri, lápis, ianomâmi, biquíni, cáqui, garibáldi,* etc.;

-om, -on, -ons. Ex.: prótons, cráton, iândom, etc.;
-um, -uns, -us. Ex.: álbum, bônus, húmus, etc.;
-l, -n, -r, -x, -ps. Ex.: visível, hífen, líder, ônix, bíceps, etc.

Notas:

a] devido a essa regra, acentue *destróier*, embora não levem acento as palavras paroxítonas com ditongo aberto *oi* ou *ei* (*Volp*). Pela mesma razão, acentua-se *herôon*.

b] essa regra não se aplica a prefixos (*super-*, *hiper-*, *semi-*, *multi-*, *mini-*, *anti-*, etc.), a menos que sejam usados como substantivos. Ex.: Ao poderio das *múltis* (= multinacionais) opõe-se a criatividade das *mínis* (= miniempresas).

c] Sacconi (1990) diz que não há palavra paroxítona ou proparoxítona terminada em *-om* na nossa língua. Como se vê, isso não é rigorosamente verdadeiro.

d] veja também o item "Hiatos" (p. 185).

Palavras oxítonas

Acentue as terminadas em *o*, *e* e *a*, seguidos ou não de *s*.

Ex.: *manganês, através, pé, Cuiabá*, etc.

Observe que as oxítonas terminadas em *u* só se acentuam no caso previsto na segunda regra do item "Hiatos". Portanto, escreva sem acento *urubu, Itu, Iguaçu, hindu, nu, Botucatu, Bauru, caju, Caxambu*, etc.

Acentue também as oxítonas terminadas em *-ém* e *-éns* que tiverem mais de uma sílaba.

Ex.: *alguém, Belém, reféns, porém*, etc.

Notas:

a] Celso Cunha (1978) não informa que é necessário haver mais de uma sílaba para se aplicar a regra. A ressalva, entretanto, é indispensável.

b] veja também o item "Hiatos" (p. 185).

Acentue as oxítonas terminadas pelos ditongos *ói*, *éu* e *éi*, seguidos ou não de *s*.

Ex.: *chapéu, herói, carretéis*, etc.

Hiatos

Acentue o i tônico oral (não nasal) precedido de vogal que não seja também i se formar sílaba sozinho ou com s (is).

Ex.: *baía, açaí, país*, etc., mas *komatiito*.

Notas:
a] vogal nasal é aquela que se pronuncia com dificuldade quando o nariz está obstruído.
b] essa regra não se aplica ao i seguido de *m* ou *nh* (ex.: *Coimbra, rainha, moinho*, etc.), pois é nasal, não oral.

Da mesma forma, acentue o *u* tônico oral precedido de vogal que não seja também *u* se formar sílaba sozinho ou com s (us).

Ex.: *graúdo, baú, baús, timbaúva*, etc.

Acentue o *u* tônico que é precedido de *q* ou *g* e seguido de *e* ou *i*.

Ex.: *argúem, averigúe*.

Trema

Napoleão Mendes de Almeida (1993, p. 131) afirmava que o *trema é inútil, ninguém precisa dele*. Como o *Aolp* o extinguiu, ele é agora usado apenas em palavras derivadas de nomes próprios estrangeiros.

Ex.: *mülleriano* (de Müller), *hübneriano* (de Hübner), etc.

Til

Use til sobre as letras *a* e *o* se forem nasais.

Ex.: *fusão, confusões, órgão*, etc.

Nota: pode haver til sobre a letra *u*. Ex.: *piũiense*. Lembre que há editores de texto que não aceitam til sobre essa letra.

Acento diferencial

A reforma ortográfica de 1971 e o *Aolp* de 1990 aboliram quase todos os acentos diferenciais, mas ainda existem alguns.

Acentue o o de *pôde* (pretérito perfeito do verbo poder) para evitar confusão com *pode* (presente do indicativo do mesmo verbo).

Acentue também *pôr* (verbo) para diferençar de *por* (preposição).
Ex.: *Ele não quer pôr etiqueta no mineral por achar desnecessário.*

Acento grave (crase)

Use acento grave na contração da preposição *a* com o artigo *a* e com os demonstrativos *aquele, aquela, aquilo* e *aqueloutro*, tanto no singular quanto no plural.
Ex.: *àquele, àquilo, às*, etc.
Nota: para uso da crase, ver Cap. 25 (p. 186).

Letras maiúsculas e nomes próprios

São acentuados normalmente, conforme as regras vistas. (Ver Cap. 13.)

Abreviaturas de palavras acentuadas

Recomenda-se conservar o acento. Ex.: *pág., Álg.*

Decorre daí o prestígio das proparoxítonas. Que leva as pessoas a proparoxitonar palavras que não proparoxitonam. Como filantropo. Ninguém admite que um homem que faça o bem não seja laureado com um garboso acento circunflexo. Chamam-no, portanto, filântropo, o que, se é gramaticalmente incorreto, é correto humanisticamente. O mesmo ciclope. Um gigante de tamanha imponência tem de ser proparoxítono. Certas mulheres também merecem acento distintivo. Lembro da Débora, a Rainha do IAPI, de quem eu dizia, dedo em riste:
– Trata-se de uma mulher proparoxítona!
Achava-me muito letrado por dizer aquilo. E, de fato, Débora proparoxitonava por onde andasse. Quando chegava, não chegava, fazia sua entrada. Quando cruzava as pernas, pelo menos dois paralelepípedos da Avenida Industriários saltavam como pipocas. Débora dava um aquecimento global na gente. Era bom vê-la, mas doía. Débora...

David Coimbra, *Zero Hora*

25

CRASE

O mau uso da crase é um dos erros mais comuns em nossa língua. A grande maioria desses erros decorre do fato de não se saber o que é a crase ou, o que é pior, de se saber mas não se usar esse conhecimento.

ARTIGOS E PREPOSIÇÕES

O artigo é uma palavra variável que antecede o substantivo, definindo seu gênero (masculino ou feminino) e seu número (singular ou plural).

Ex.: o martelo, a bússola, os granitos, as gemas (artigos definidos); um martelo, uma bússola, uns granitos, umas gemas (artigos indefinidos).

A preposição é uma palavra invariável que rege o nome, o pronome ou outro elemento que a segue (Aurélio).

Ex.: Eles viajaram a serviço.
O desenho feito a lápis ficou ilegível.
Voltamos para Porto Alegre.

As preposições são numerosas, mas, com relação à crase, só interessa a preposição a.

O QUE É A CRASE

A preposição a tem um sósia, que é o artigo definido, feminino, singular a. Quando se junta a preposição a com o artigo o(s), obtém-se a combinação ao(s).

Ex.: Assisti ao Congresso de Geologia.

Quando se junta a preposição a com o artigo a(s), obtém-se a contração à(s), que é como se representa a união a + a(s).

Ex.: Assisti à Semana de Debates Geológicos.

Crase (do gr. *krasis*, mistura, fusão) é simplesmente essa fusão de um *a* com outro. Mas, sem entender isso, não há como usá-la corretamente.

A fusão da preposição *a* pode dar-se também com o *a* inicial dos pronomes *aquele(s)*, *aqueloutro(s)*, *aquela(s)* e *aquilo*, e o segundo *a* da combinação *aa* pode ser não um artigo, mas um pronome, o que não muda a essência do que vimos até aqui.

Ex.: Procurou o DNPM, escrevendo *àquele* órgão.

Foram feitas duas análises, mas ele se referiu *àquela* duvidosa e não *à* que deu os resultados esperados.

Quando não usar crase

Entendido o que é artigo e preposição e as combinações que podem ser feitas com eles, fica claro que não pode haver crase quando falta um desses dois elementos. Assim, não haverá crase nos casos detalhados a seguir.

Antes de substantivo masculino.

Nesse caso, pode haver a preposição *a*, mas o artigo estará ausente ou será *o*.

Ex.: carro *a* álcool, venda *a* prazo, viagem *a* serviço, retorno *a* departamento, etc.

Há uma exceção: quando está subentendida a palavra *moda* ou *maneira*.

Ex.: Sapatos *à* Luís XV, bigode *à* Salvador Dalí.

Antes de artigo indefinido.

Nesse caso, pode haver a preposição *a*, mas não o artigo *a*.

Ex.: A Petrobrás chegou *a uma* situação financeira delicada.

Antes de verbo.

Aqui também falta o artigo, havendo apenas preposição.

Ex.: Fui obrigado *a* sair cedo.

Antes de expressão de tratamento precedida de *sua(s)* ou *vossa(s)*.
Não há crase porque essas expressões não admitem artigo.
Ex.: Solicitamos *a* V. S.a remeter as aerofotos escolhidas.

Antes de pronomes pessoais, demonstrativos, interrogativos e dos pronomes indefinidos que não admitem artigo.
Também nesses casos há apenas preposição.
Ex.: Não darei cópia *a ela*.
Com relação *a esta* área, nada sabemos.
Não podemos fornecer os dados *a qualquer* empresa.
A *qual* rocha está ligada a mineralização cuprífera?

Preposição *a* seguida de substantivo no plural.
Se há um nome no plural e antes existe *a*, não *as*, esse *a* é preposição, não artigo.
Ex.: Referiu-se *a* ocorrências já conhecidas.

A precedido de *até*.
- são raros os casos de emprego de duas preposições juntas (locução prepositiva).
  Ex.: *até a, por entre, para com*.
  Com relação à crase, o único desses casos que interessa é a locução *até a*, pois, se for seguida do artigo *a(s)*, deve-se usar o acento grave.
  Ex.: O presidente foi *até à* sala do Projeto.
- como a preposição *até* tem o mesmo significado que a locução *até a*, a ausência da crase na frase anterior não representaria erro.
  Observe:
  Foi *até o* pátio.   (preposição *até* e artigo *o*)
  Foi *até ao* pátio. (locução *até a* + artigo *o*)
  Foi *até a* sala.   (preposição *até* e artigo *a*)
  Foi *até à* sala.   (locução *até a* + artigo *a*)

- até a pode ser não locução prepositiva, mas partícula denotativa de inclusão (até) seguida de artigo definido (a). Nesse caso, não existe crase.
  Ex.: O presidente visitou toda a Superintendência, até a sala do Projeto (inclusive a sala).
  Sobre essa diferença, veja o item "Até a" (Cap. 14, p. 119).

Antes de numerais cardinais.
  Ex.: O avião partirá daqui a uma hora.
  O escritório fica a 200 m daqui.
  Exceções:
  a] locuções adverbiais que exprimem hora determinada.
  Ex.: A reunião será às 15 h.
  b] numeral precedido de artigo.
  Ex.: Assisti às duas palestras.

Em locuções formadas por repetição de uma palavra.
  Ex.: De ponta a ponta, frente a frente, gota a gota.

EXISTÊNCIA DUVIDOSA DO ARTIGO A OU DA PREPOSIÇÃO A

Há casos em que pode pairar dúvida sobre a necessidade da crase por não se saber se há preposição e artigo ou só um deles.

Topônimos

Com topônimo, usa-se crase se ele admitir o artigo, o que acontece com alguns, mas não com outros.
  Note que:
  a] alguns topônimos exigem o artigo o.
  Ex.: o Rio Grande do Sul, o Paraná, o Japão, o Cairo, etc. (Recife admite o artigo, mas não obrigatoriamente. Para Sacconi (1990), Mato Grosso do Sul exige artigo, mas Mato Grosso, não.)
  b] alguns admitem o artigo a.

Ex.: *a Bahia, a Paraíba, a Itália, a Alemanha*, etc. (*Alagoas* normalmente não se usa com artigo, mas se pode dizer *as Alagoas*.)

c] alguns não admitem artigo, como *Santa Catarina, Roraima, São Paulo, Manaus, Nova Iorque*, etc.

Ex.: Fui a Santa Catarina, mas não à Paraíba.

Nota: alguém criou uma regrinha fácil de lembrar. Ela diz que se vou a e venho da, *crase há*; se vou a e venho de, *crase pra quê?*

Ex.: Vou à Paraíba e venho da Paraíba; vou a Santa Catarina e venho de Santa Catarina.

Antropônimos

Antes de nomes de pessoas, usa-se artigo quando há um relacionamento mais ou menos íntimo entre quem fala e a pessoa. Nesses casos, pode haver crase.

Ex.: Dei a selenita de presente à Carol porque ela é uma grande amiga.

Nota: com nomes de pessoas famosas, usa-se, às vezes, o artigo, mesmo não havendo intimidade.

Ex.: *o Pelé, a Madonna, o Lula*.

Verbos transitivos diretos e indiretos

Alguns verbos exigem a preposição *a*, mas pode-se ficar em dúvida quanto a isso. Ela não é usada, por exemplo, com o verbo objetivar (transitivo direto), mas se usa com o verbo agradecer (transitivo indireto).

Ex.: Agradeceu às autoridades o apoio recebido.

O trabalho objetiva a correta delimitação da ocorrência.

CRASE EM LOCUÇÕES ADVERBIAIS

Há divergências entre os gramáticos, mas geralmente se usa crase nas locuções adverbiais formadas com substantivo feminino (mesmo que apenas implícito).

Ex.: *à vista, à direita, à medida que, à noite, à prestação, à custa de*, etc.

Note que, nesses casos, a crase nem sempre corresponde a uma contração.

Ex.: cheirar à gasolina, ver à distância, receber à bala.

CRASE OPCIONAL

Antes dos possessivos (*meu, teu, seu, minha*, etc.), pode-se usar artigo ou não.

Ex.: Minha bússola é muito boa.

A minha bússola é muito boa.

Desse modo, ficará a critério do autor usar crase ou não. A tendência atual é usar o artigo e a crase.

Ex.: Refiro-me *a sua* bússola.

Refiro-me *à sua* bússola (tendência atual).

Naturalmente, não haverá crase se o possessivo antecedido de *a* for seguido de substantivo feminino no plural ou masculino.

Ex.: Refiro-me *a seu* martelo.

Refiro-me *a suas* amostras.

Nota: a liberdade de usar ou não artigo nesses casos não significa que se possa ora usá-lo, ora não. Faça sua opção e mantenha o critério adotado do início ao fim de seu texto.

O feminino de *galo* é *galinha* e um galo pequeno é chamado de *pinto*. Ora, isso contraria a lógica. O feminino de galo deveria ser *gala* e *galinha* deveria ser simplesmente diminutivo. Ou seja, em um galinheiro deveria haver os galos e as galas, com seus filhotes, os galinhos e as galinhas. E *pinto* serviria para designar outra coisa. Como, aliás, qualquer criança sabe.

Pércio de Moraes Branco, *Eta Língua Complicada*!

Aurélio Buarque de Holanda, os dicionários e eu

Os dicionários me atraem desde a infância. A lembrança mais antiga que deles tenho vem do Curso Primário (denominação antiga da primeira fase do atual Ensino Fundamental), quando eu tinha nove ou dez anos. E devo confessar que o primeiro contato com eles foi a descoberta, pelas mãos de um colega de turma, de que os dicionários continham palavrões, aquelas palavras feias que nós não podíamos dizer. Porém, não foram os palavrões que me tornaram fã desse tipo de livro; foi a infindável fonte de conhecimento e informação que ele representa.

O primeiro dicionário da minha vida foi o *Pequeno dicionário brasileiro da língua portuguesa*, de Hildebrando de Lima. Muito o usei, inclusive para decifrar os difíceis quebra-cabeças que o jornal *Correio do Povo*, que o adotava como dicionário de referência, publicava aos domingos.

Na década de 1950, ele foi revisto e ampliado por Aurélio Buarque de Holanda Ferreira e desde então passou a ser considerado o *Dicionário do Aurélio*, o que incomodava muito aquele grande mestre.

> Este é um assunto que hoje só me traz aborrecimento e decepção. Renego este livro, disse ele em 1978. [...] deixei de colaborar nesse dicionário desde fevereiro de 1959. Ora, se não o revejo há 19 anos, ele já não me pertence; portanto, quem adquirir este produto esteja prevenido: nada tem a ver com Aurélio Buarque de Holanda Ferreira. (Ferreira, 1978).

Quando Aurélio Buarque de Holanda lançou um dicionário verdadeiramente seu, o *Novo dicionário Aurélio da língua portuguesa*, tratei logo de comprá-lo. Ele viria a mostrar-me que o nome *Pequeno dicionário brasileiro da língua portuguesa*, que me parecia uma atitude de modéstia de Hildebrando de Lima, não era tão modesto assim, não. Ele era pequeno mesmo, embora fosse o livro mais volumoso de todos os que eu usara até então.

Lá por 1978, fiquei sabendo que Aurélio Buarque de Holanda, que lecionava português já aos 15 anos, ministraria um curso chamado A arte e a técnica do dicionário. Eu morava no Rio de Janeiro, praticamente no mesmo bairro que ele, e havia concluído há pouco tempo meu Dicionário de mineralogia. Eu não podia perder aquela oportunidade de aprender – e com o mestre que eu tanto admirava! – como se organiza um dicionário. Inscrevi-me, fiz o curso e conheci meu mestre.

O curso não me trouxe muita novidade com relação à organização de dicionários. De tanto consultar o trabalho dele, eu já havia aprendido o principal. Mas foi ótimo o convívio com ele naqueles poucos dias, o suficiente para saber que Aurélio não gostava de um dicionário de português editado pelo Ministério da Educação e Cultura, que não respondia as cartas que recebia, que detestava a palavra parabenizar e que estava disposto, sim, a dar uma olhada no meu Dicionário de mineralogia, ainda inédito. Levei então os originais para mostrar-lhe, mas ele recuou diante do volume da obra (eram mais de mil páginas datilografadas).

O Novo dicionário Aurélio da língua portuguesa continuou sendo o meu dicionário preferido por muitos anos, mais precisamente até ser superado pelo dicionário de Antônio Houaiss, em 2001, quando Aurélio já não estava entre nós, assim como o próprio Houaiss.

A primeira edição do Guia de redação para a área de Geociências foi publicada em 1993, apenas quatro anos após a morte do mestre Aurélio, quando sua presença era ainda muito forte. Eu a dediquei, assim como esta, a ele e a outros quatro professores de português. E foi com tristeza que me dei conta, ao preparar esta segunda edição, de que também os outros quatro já não mais estão conosco. A lembrança, porém, de quem foram e do que fizeram vai me acompanhar, muito viva, pelo resto da minha vida.

Antônio Houaiss e eu

Antônio Houaiss era uma figura multifacetada. Muitos conheciam o Houaiss filólogo, que não se achava poliglota, mas admitia ter um conhecimento extremamente desenvolvido de uma série de línguas (Houaiss, 1988).

Muitos também conheceram o Houaiss tradutor, que em apenas 11 meses traduziu o complexo e volumoso *Ulysses*, de James Joyce.

Não tantos lembram do Houaiss Ministro da Cultura e de sua luta pelo Acordo Ortográfico da Língua Portuguesa. Muita gente combateu a iniciativa, mas ele sempre a defendeu.

Havia ainda o Houaiss da Academia Brasileira de Letras. E o Houaiss diplomata de carreira. E o Houaiss presidente do Partido Socialista Brasileiro.

Bem menor deve ser o número daqueles que sabiam que Antônio Houaiss era um grande *gourmet* e um grande conhecedor de cerveja, da qual trata em um de seus livros.

O Houaiss que melhor conheci foi o dicionarista e enciclopedista. Em 1986, quando soube que ele estava iniciando o *Grande dicionário Houaiss da língua portuguesa*, com previsão de 270.000 verbetes, enchi-me de entusiasmo. Era para mim quase inconcebível que o excelente dicionário de mestre Aurélio, com 110.000 verbetes (estava ainda na primeira edição), pudesse ser suplantado daquela forma.

E logo veio um receio: será que uma obra desse porte vai ser pobre em nomes de minerais como o *Aurélio*? O tempo viria a me mostrar que o *Aurélio* não era pobre como eu imaginava nesse aspecto, mas preocupou-me a possibilidade de o novo dicionário ser deficiente nessa área.

Escrevi, então, a Antônio Houaiss para saber se havia alguém tratando especificamente disso em sua equipe, com a intenção de trocar ideias sobre o assunto e saber que critérios estavam sendo usados para selecionar os minerais a serem dicionarizados. Sua resposta foi surpreendente: disse que não havia ninguém cuidando disso, perguntou se eu queria me encarregar daquela tarefa e quanto eu cobraria pelo trabalho. Era uma proposta que eu nunca imaginara receber e que, é claro, jamais deixaria de aceitar.

Enquanto fazia esse trabalho, troquei várias cartas com ele, aproveitando para esclarecer dúvidas que me acompanhavam há bom tempo. Respondeu-me ele sempre com extrema atenção, de forma sumamente educada, com tratamento que variou de *meu caro* a *Senhor Doutor*, escrevendo ora à máquina, ora à mão.

Alguns meses depois de concluir a redação dos verbetes de Mineralogia, perguntei-lhe com quem ficaria a redação das demais áreas da Geologia. A resposta foi novo convite para trabalhar em sua obra. Mas, dessa vez, era tarefa para mim incomparavelmente mais difícil, e pedi-lhe um bom tempo para pensar e para fazer minha proposta. Paciente, como todo dicionarista, ele esperou e acabamos fazendo a ampliação do primeiro trabalho, que acabou com 3.431 verbetes.

Esses contatos duraram três anos, ao longo dos quais fui conhecendo-o melhor e aprendendo a admirá-lo cada vez mais.

Aprendi a admirar, por exemplo, sua capacidade de usar palavras comuns em acepções absolutamente inusuais. Houaiss podia, por exemplo, dizer *eu coincido com o senhor* em lugar do banal *eu concordo com o senhor*. Falando sobre o dicionário que estava fazendo, dizia que queria vê-lo editado em um só volume (como foi), ainda que ficasse *catedralesco*.

Também aprendi a admirar seu amor pelas línguas, que o levou a decidir, ainda aos 11 anos de idade, que seria professor de português, decisão notável se considerarmos que era filho de libaneses.

Na mesma época, soube da maneira incrivelmente distraída com que costumava atravessar as ruas. Aos 72 anos, ele já havia sido atropelado nada menos de sete vezes! Já havia sido internado umas vinte vezes em hospitais, onde lhe abriram o ventre cinco vezes. Como teve saúde (e sorte) para viver até aos 83 anos, não sei até onde chegaram essas cifras.

Com ele, aprendi que existem 11.000 línguas, das quais 10.600 são ágrafas; que podemos viver conhecendo apenas 3.000 palavras, mas que Machado de Assis chegou a usar mais de 5.000 e Monteiro Lobato, 8.000; que o escritor italiano D'Aruzzo conhecia 16.000 e que Coelho Neto, suspeita-se, usava em torno de 18.000. Como ele já temia, Antônio Houaiss não viu pronta a sua grande obra. Enfrentando grandes dificuldades, primeiro com os recursos de informática disponíveis, depois com o Plano Collor, que reduziu muito sua equipe de trabalho, parecia que o dicionário nunca ficaria pronto. Mas a Petrobrás e outras empresas levaram-no adiante, e a Editora Objetiva lançou-o em setembro de 2001.

A obra, que chegou a se chamar provisoriamente *Grande J. O. da língua portuguesa* (no tempo em que estava com a Editora José Olympio), depois *Grande dicionário da língua portuguesa*, acabou se chamando mesmo *Dicionário Houaiss*. Como não podia deixar de ser.

vocabulário

Estão relacionadas a seguir cerca de mil palavras e locuções escolhidas entre as que se julgou com maiores possibilidades de serem empregadas de modo errado.

Estão incluídos sobretudo nomes de minerais e rochas; substantivos compostos ou que podem gerar dúvida quanto ao emprego do hífen; termos estrangeiros sem tradução e diversos outros vocábulos de uso comum que são frequentemente mal-empregados, muitos deles analisados em outros capítulos deste guia.

abalizado
abscissa
acriano ou acreano
aerocintilometria
aeroeletromagnético
aerofoto
aerofotografia
aerofotogrametria
aerogamaespectrometria
aerogeofísica
aerólito
aeromagnético
aeromagnetometria
aerossol
aerotransportado
aficionado (e não aficcionado)
água-marinha (pl. águas-marinhas)
alasquito
alcalifeldspato (melhor que K-feldspato)
alfanumérico
allanita (melhor que alanita; não use ortita)
alto-forno (pl. altos-fornos)
aluminossilicato
aluvião (use como s. f.)
amarelo-limão (adj. pl. amarelo-limão)
amarelo-ouro (adj. pl. amarelo-ouro)
amarronzado (melhor que amarronado)
analisar
análise
anatásio (não use octaedrita)
andaluzita
angstrom (melhor que angström ou ångström)
annabergita
ano-base (pl. anos-base ou anos-bases)
ano-luz (pl. anos-luz)
anorogênico (e não anarogênico)
anquimetamorfismo
Antártica ou Antártida
antártico, antárctico ou antártido
anteprojeto

anticlinal (adj. e s. m.)
anti-horário (pl. anti-horários)
antiofídico
antitetânico
aonde (diferente de onde)
antivariólico
aplito (haplito, segundo o Houaiss)
aquífero
ar condicionado (diferente de ar-condicionado)
arcose (melhor, mas menos usado que arcósio)
arcóseo (adj., melhor, mas menos usado que arcosiano)
arcosiano
ardosiano
área-chave (pl. áreas-chave e áreas-chaves)
areal (de areia, mas não de área)
arfvedsonita
arsênio
artificial (diferente de sintético para gemas)
ascensão (mas assunção)
assoreado
assoreamento
asterisco
aterrissar (melhor, mas menos usado que aterrizar)
atrás
atrasado
atraso
attapulgita (use palygorskita)
augengnaisse
avalancha (melhor que avalanche)
avisar
aviso
azul-cobalto (adj. pl. azul-cobalto)

azul-marinho (adj. pl. azul-marinho)
background
baddeleyita
Bagé (grafia oficial; o correto é Bajé)
baguete
bajeense (mesmo usando Bagé)
Balcãs ou Bálcãs
baliza, balizado
bálsamo do canadá (pl. bálsamos do canadá)
bandado
bandamento
barita (melhor que baritina ou baritita)
bastnaesita
bateada
bateador
bateamento
batear
bateia (ê)
batólito (melhor que batolito)
Bauru (sem acento)
bauxita (ch)
bayldonita
bed rock (s.)
bedrock (adj.)
bege (pl. beges)
berílio (elemento químico)
berilo (mineral)
betauranofânio
biaxial
bidimensional
bilhão ou bilião
bimensal (igual a quinzenal)
bimestral (de dois em dois meses)
bindheimita (melhor que bindeimita)

Biocronologia
Bioestratigrafia (mais usado que
    Biostratigrafia)
biofácies
Biogeoquímica
biotitagranito
biotita-quartzodiorito
biotitatonalito
birrefringência
bischofita
boçoroca (prefira voçoroca)
boehmita
botriogênio
Botucatu (sem acento)
boudin
bowenita
boxwork
braggita
brannerita
braquianticlinal (s. e adj. m.)
braquissinclinal (s. e adj. m.)
breunnerita (pronuncie
    broinerita)
brewsterita
brilhante (tipo de lapidação; evite
    usar como sinônimo de
    diamante)
broeggerita
bromargirita (não use bromirita)
brookita
bytownita (pronuncie baitaunita)

cabazita (e não chabazita)
cabelos-de-vênus (sing. e pl.)
cadastro (diferente de
    cadastramento)
calcário
calcedônia
calcioalcalino ou calcialcalino

calciossilicatado ou
    calcissilicatado
calcioxisto ou calcixisto
calcirrudito
calcocita (melhor que calcosina
    ou calcosita)
cambro-ordoviciano (adj.)
Cambro-Ordoviciano (subst.)
cânion ou *canyon*
carbonatoapatita
carbonato-fluorapatita (pl.
    carbonato-fluorapatitas)
carbonato-hidroxiapatita (pl.
    carbonato-hidroxiapatitas)
carnallita (melhor que carnalita)
carvão de pedra (pl. carvões de
    pedra)
carvão energético
carvão-vapor (pl. carvões-vapor)
carvão vegetal
catáclase (melhor que cataclase)
cataclismo ou cataclisma
catalisador
catálise
catazona
catorze (melhor que quatorze,
    que se pronuncia também
    catorze)
caulim
caulinita
celestita (melhor que celestina
    para designar o mineral)
chaminé (s. f.)
chapéu de ferro (pl. chapéus de
    ferro)
charnockito
chatoyance (melhor que
    acatassolamento)
chert

chumbo-chumbo (pl.
    chumbo-chumbo)
cianita (não use distênio)
cinquenta (não existe cincoenta)
cinza-claro/cinza-escuro (sing.
    e pl.)
circuito (úi)
cisalhado
cisalhamento
clarke
cleavelandita
clinoenstatita
clinoferrossilita
clinopiroxênio
clinoptilolito
clinozoisita
clorapatita
clorargirita (não use cerargirita)
cloritaxisto
coautor
cobre-nos-pórfiros (pl.
    cobres-nos-pórfiros)
coffinita
colemanita
coluvião (s. f.)
componente (2 gên.)
cone em cone (pl. cones em
    cones)
consequência
consequente
contém (ele)
contêm (eles)
continuidade (diferente de
    continuação)
contribui (ele)
cooperita
coproduto (pl. coprodutos)
coprólito

cordierita (não use iolita)
coríndon (melhor que córindon)
cornalina (e não carneol ou
    carnéola)
cossecante
cosseno
cotangente
covellita (melhor que covelita)
cráton
creem (eles)
crevasse splay (use rompimento de
    dique marginal)
criptocristalino
criptopertita
cristal de rocha
cromodiopsídio
cronoestratigrafia (mais usado
    que cronostratigrafia)
crookesita
cuesta
cummingtonita (melhor que
    cumingtonita)
cut off (use teor de corte)

deem (eles; verbo dar)
déficit
deltaico (sem acento)
demoiselle
dendrítico
dendrito (diferente de detrito)
Dendrocronologia
depredar
descloizita
desequilíbrio
deslizamento
destilaria
detrítico
detrito (diferente de dendrito)

dextral
dextrogiro (paroxítona)
diáclase (melhor que diaclase)
diatrema (s. m.)
digitar (diferente de digitalizar)
dilapidar
dinamite (s. f.)
direção (diferente de sentido)
distênio (use cianita)
divisa (diferente de fronteira e limite)

ecossistema
egirina (e não aegirina)
ekanita
elemento-traço (pl. elementos-
-traço ou elementos-traços)
eletricidade
eletrorresistividade
eluvião (s. f.)
em face de (melhor que face a)
em nível (não use a nível)
empecilho (e não impecilho)
emplacement (melhor não traduzir)
enclave ou encrave (s. m.)
Eocambriano
Eopaleozoico
epídoto (melhor que epidoto)
equidimensional
equidistância
equigranular
equilátero
equipotencial
equivalve
eremeyevita
escapolita (melhor que escapólita)
esfalerita (não use blenda)

esfênio (use titanita)
esferocobaltita (não use cobaltocalcita)
esfoliação (de rocha)
és-nordeste (ENE)
espato da islândia (e não espato de islândia)
espectrofotometria
espectrofotômetro
espectrografia
espectrógrafo
espectrometria
espectrômetro
espectroscopia
espectroscópio
espodumênio
espontâneo
és-sudeste (ESE)
estada (diferente de estadia)
Este (melhor que Leste)
estender (mas extensão)
estibinita (não use antimonita nem estibnita)
estilbita (e não stilbita ou desmina)
estilolito ou estilólito
estilpnomelano
estromatólito (melhor que estromatolito)
estroncianita
etimologia (e não etmologia)
eugeoanticlinal (s. e adj. m.)
eugeossinclinal (s. e adj. m.)
exceção
excepcional
excursão
expectativa
extensão (mas estender)

extra (ê)
fabric (use trama)
face (diferente de faceta)
face a (prefira em face de)
faceta (diferente de face)
fácies (sem grifo, com acento; use como s. f.)
falsificação (diferente de imitação)
fazer que (= fazer com que)
feldspato alcalino (melhor que K-feldspato)
feldspato potássico (melhor que K-feldspato)
fenaquita (melhor que fenacita)
ferro-hornblenda (não use barkevikita)
filoniano
físico-químico
fluido (úi)
fluorapatita
fluvioglacial (mais usado que fluviglacial)
fluviolacustre (mais usado que fluvilacustre)
fluviomarinho (mais usado que fluvimarinho)
flysch
foliação
foliado
fonólito (melhor que fonolito)
fortuito (úi)
fóssil-guia (pl. fósseis-guia ou fósseis-guias)
fóssil-índice (pl. fósseis-índice ou fósseis-índices)
fóssil-vivo (pl. fósseis-vivos)

fotogeologia
fotoíndice
fotointerpretação
fotointérprete
fotomicrografia (diferente de microfotografia)
fotomosaico
francevillita (melhor que francevilita)
franckeíta
franklinita
freibergita
freieslebenita
frequência
frequente
fronteira (diferente de divisa e limite)
froodita
frustrar
frustrante
fuchsita

gahnita
gahnospinélio
galena (melhor que galenita)
gamaespectrometria
garagem
gêiser (melhor que *geyser*)
geoanticlinal (s. e adj. m.)
geociência
Geocronologia
geoeconômico
Geoestatística
Geo-Hidrologia
Geo-História
Geomagnetismo
Geomatemática
geossinclinal (s. e adj. m.)

geossutura
Geotectônica
geotermometria
gersdorffita (melhor que
    gersdorfita)
gibbsita
gipsita (melhor que gipso ou
    gesso)
glaciolacustre (mais usado que
    glacilacustre)
glaciomarinho (mais usado que
    glacimarinho)
glaucofanioxisto
glomeroporfirítico
gnaisse
goethita
Gonduana ou Gondwana
gonduânico ou gondwânico
goshenita
grában
grade
grafita
granito-gnaisse (pl.
    granitos-gnaisses)
granito gnáissico
gratuito (úi)
graus Celsius (não use graus
    centígrados)
greenockita
greisen
greisenização
grossa (para granulação, não use
    grosseira)
grossulária (não use grossularita)

halloysita
hambergita
haussmannita

haüynita ou hauinita
havaiita
heazlewoodita
hedenbergita (melhor que
    hedembergita)
hematita (não use oligisto)
hemimorfita (para
    $Zn_4 \cdot Si_2O_7(OH)_2 \cdot 2H_2O$; não use
    calamina)
herzenbergita
hexagonal (za)
hexágono (za)
hexa-hidrita
hiddenita
hidroematita
Hidrogeologia
hidrogeólogo
hidroxiapatita
hidrozincita (para $Zn_5(OH)_6 \cdot (CO_3)_2$;
    não use calamina)
hífen
hindu (preferir indiano e
    hinduísta)
hinduísta (seguidor do hinduísmo;
    melhor que hindu)
hiperstênio
hipoabissal
hipocentro
hipotermal
hodômetro
hohmannita
holocristalino
holoialino
holossiderito
homogeneizar
hornblenda-quartzodiorito (pl.
    hornblenda-quartzodioritos)
hornblendatonalito

horste
howlita
huebnerita (melhor que hübnerita)
hutchinsonita

ibero (bé)
iceberg
illita (melhor que ilita)
ilsemannita
imitação (diferente de falsificação)
incipiente (igual a principiante; diferente de insipiente)
incrustação
independentemente (independente é adj.)
indiano (natural da Índia, melhor que hindu)
inequigranular
infra- (é prefixo; não use sozinho)
infraestrutura (pl. infraestruturas)
infravermelho (pl. infravermelhos)
inselberg
interestadual
interestratificado
interface (s. f.)
ínterim (proparoxítona)
inter-relação (pl. inter-relações)
interseção
intraclástico
intracratônico
intracrustal
intraformacional
intrarregional (pl. intrarregionais)
intrudido (com os verbos ter e haver)
intrudir (*Aurélio*; não use intruir e intrusionar)

intruso (com os verbos ser e estar)
intuito (úi)
inyoíta
iodargirita (não use iodirita)
iolanthita
isocobertura
isoípsa
isoteor

jacinto de compostela (pl. jacintos de compostela)
jade do transvaal (pl. jades do transvaal)
juniores (niô)
juro-cretácico (adj.)
Juro-Cretáceo (subst.)
jusante

kappameter
karst
kasolita
kemmererita
kernita
kieserita
kimberlito
knopita
kornerupina
krennerita
kunzita

lacólito (melhor que lacolito)
Lages, SC (grafia oficial; a correta é Lajes)
lajeado
lajedo
langbeinita
lapíli (paroxítona)

lápis-lazúli (pl. lápis-lazúlis; não use lápis-lázuli)
lato sensu (e não sensu lato)
laumontita (e não lawmontita)
leem (eles)
leucossoma
leucoxênio
levogiro (paroxítona)
limite (diferente de divisa e fronteira)
linneíta
líquen
litoestratigráfico (mais usado que litostratigráfico)
litoestrutural (mais usado que litostrutural)
litofácies
litótipo ou litotipo
livre-docência (pl. livres-docências)
localidade-tipo (pl. localidades-tipo ou localidades-tipos)
loellingita
loess (como em Portugal; mais usado que loesse)
lopólito (melhor que lopolito)

maciço
macrocristalino
macroeconomia
macrorregião
macrossistema
Madagascar
maghemita (pronuncie maguemita)
magnesita (não use giobertita)
magnetotelúrico
mapa-base (pl. mapas-base ou mapas-bases)

mapa-múndi (pl. mapas-múndi)
maquinaria ou maquinário (não use maquinária)
marcha à ré
marco (melhor que *marker*)
marfim-vegetal
mármore-ônix (pl. mármores-ônix)
marrom
matéria-prima (pl. matérias-primas)
megacristal
mega-hertz
megálito
meia-vida (pl. meias-vidas)
meio ambiente (sem hífen)
mesmo (não use como pronome pessoal)
mesopertita
mesozona
metabasito
metagranito
metal-base (pl. metais-base ou metais-bases)
metamorfizado
metamorfizar
metarriolito ou metarriólito
metassedimentar
metassedimento
metassomatismo
metassomatose
metatorbernita
metavulcanossedimentar
Meteorologia (e não Metereologia)
mica-branca
micaxisto
microbacia
microclínio (evite microclina)
microcomputador
microcristalino

microempresa
microestrutura (mais usado
 que microstrutura e
 micrestrutura)
microfilme
microfotografia (diferente de
 fotomicrografia)
microgranito
micrômetro (mais usado que
 micrometro)
micro-organismo
micropertita
microssonda
millerita
mimeógrafo
mineral acessório
mineral essencial
mineral-índice (pl. minerais-ín-
 dice ou minerais-índices)
mineral-minério (pl. mine-
 rais-minério ou
 minerais-minérios)
miogeoanticlinal (s. e adj. m.)
miogeossinclinal (s. e adj. m.)
misto (e não mixto)
Mohorovicic
molassa (o correto seria molasso)
monchiquito
monitoração (melhor que monitoragem, monitoramento e
 monitorização)
monólito
monominerálico
montmorillonita
monzogranito
mordenita (não use ptilolito)
morro-testemunho (pl.
 morros-testemunho,

morros-testemunhos)
mosaico (sem acento)
motomecanizado
motoniveladora
mottramita (melhor que
 motramita)
mullita
mullion
multifacetado
muscovita
muscovita-biotitagranito (pl.
 muscovita-biotitagranitos)

nagyagita
nahcolita
nanômetro (mais usado que
 nanometro)
naumannita
navete
nefelinassienito
neomineralização
nevyanskita
niggliíta
niquelina (melhor que nicolita)
niquelskutterudita
nitratita (não use salitre do chile)
normalização
normalizar (melhor, mas menos
 usado que normatizar)
nor-nordeste (NNE)
nor-noroeste (NNW)
nu (sem acento)

obsequente
obsoleto (é)
Oceania ou Oceânia
octaedrita (diferente de
 octaedrito)

oés-noroeste (WNW)
oés-sudoeste (WSW)
offlap
offshore (use costa afora)
oil seep
olho de falcão (pl. olhos de falcão)
olho de gato (pl. olhos de gato)
olho de tigre (pl. olhos de tigre)
olivinabasalto
ômega (melhor que omega)
onde (diferente de aonde)
ônix
onlap
oólito
opala de fogo
opala-musgo
opala-negra
opala-nobre
opala-preciosa
opala-xiloide
óptico ou ótico (referente à visão)
ótico (referente à visão ou ao ouvido)
ortofotografia
ortofotomapa
ortogeossinclíneo
ortognaisse
ortometálico
ortopiroxênio
ortoquartzito (çi)
ouro-branco
ouro-pigmento
overlap
overlay
oxbow lake (use meandro abandonado)

palavra-chave (pl. palavras--chave ou palavras-chaves)
paleoambiente
Paleobotânica
paleocanal
paleoclima
paleocorrente
paleoduna
paleogeografia
paleomagnetismo
paleossolo
paleossoma
paleotopografia
palygorskita (não use attapulgita)
panidiomórfico
paraconformidade
paraconglomerado
paragnaisse
Paraguaçu (sem acento)
paralisar
paramagnético
parametamórfico
parautóctone
pearceíta
pechblenda
pedra da lua (pl. pedras da lua)
pedra do sol (pl. pedras do sol)
pedra-sabão (pl. pedras-sabões)
pedra-ume (pl. pedras-umes)
penecontemporâneo
peneplano
peralcalino
peraluminoso
percentagem (prefira porcentagem)
percentual (prefira porcentual)
perfil (pl. perfis, sem acento)
perfil-chave (pl. perfis-chave ou perfis-chaves)
pericratônico
periglacial
permafrost

permocarbonífero (adj.)
Permocarbonífero (s. m.)
permotriássico (adj.)
Permotriássico (s. m.)
perovskita
perscrutar
petroquímica (diferente de litoquímica)
petzita
pH
phillipsita
pHmetro (pronuncie peagâmetro)
piezoeletricidade ou piezeletricidade
pinch-and-swell
pipe (use chaminé)
pirobetuminoso
piroeletricidade ou pireletricidade
piroxênio
plagiogranito
planialtimétrico
planimétrico
plano-axial
plano-côncavo
plano-convexo
plano-paralelo
playa lake
pliopleistocênico
Pliopleistoceno
plúton (melhor que plutão)
pólen
polialita
policíclico
polideformado
poli-hidratado
polimetamórfico
pólipo (melhor que polipo)
pontiagudo

porcentagem (melhor que percentagem)
porcentual (melhor que percentual)
pós-cinemático
pós-glacial
pós-graduação
pós-magmático
pós-tectônico
posto que (igual a embora)
potássio-argônio (pl. potássio-argônio)
powellita
pré-cambriano (adj. m.)
Pré-Cambriano (s. m.)
prehnita
presidenta ou presidente
protomilonito
protominério
pseudofóssil
pseudo-hexagonal (pl. pseudo-hexagonais)
pseudomalaquita
pseudomatriz
pseudotaquilito
pulverulento
pumpellyita (não use clorastrolita)

quadruplicar (e não quadriplicar)
quartzodiorito
quartzo enfumaçado (melhor que quartzo fumé; não use topázio fumê)
quartzo espectral
quartzo-feldspático
quartzo fumé (prefira quartzo enfumaçado)
quartzolatito

VOCABULÁRIO | 209

210 | Guia de Redação para a Área de Geociências

quartzomonzonito
quartzo mórion
quartzo olho de gato
quartzopórfiro
quartzo róseo
queda-d'água (pl. quedas-d'água)
querosene (s. m.)
quilo-hertz
quis (verbo querer)
quite (pl. quites)
radioatividade
radioisótopo
raios X (para a radiação)
raios-X (para a imagem e o aparelho)
rammelsbergita (melhor que ramelsbergita)
rank
reivindicação
reivindicar
rejeito
rensselaerita
réptil (melhor que reptil)
rescindir
rescisão
resplandecente
ressequente
retrógrado
retrometamorfismo
richterita
riebeckita
rift-valley
riólito (melhor que riolito)
rocha-fonte (pl. rochas-fonte ou rochas-fontes)
rocha-reservatório (pl. rochas-reservatório ou rochas-reservatórios)

rockbridgeíta
roof pendant (pronuncie ruf-pandã)
Roraima (ãi)
rosa-do-deserto (pl. rosas-do-deserto)
rubelita (e não rubilita)
rubídio-estrôncio (pl. rubídio-estrôncio)
rubrica (paroxítona)
ruim (u-í)
run-of-mine (use minério bruto)

sakuraiita
sal amargo
sal-amoníaco
sal-gema (pl. sais-gemas)
salitre do chile (pl. salitres do chile; prefira nitratita)
samário-neodímio (pl. samário-neodímio)
saprólito (melhor que saprolito)
scheelita (e não xilita, cheelita ou xelita)
schlieren
schorlita (não use afrizita; alguns geólogos preferem schorl)
seção ou secção
seção-tipo (pl. seções-tipo ou seções-tipos)
seepage
semiárido
semidetalhe
semiopaco
semipreciosa (não use para gemas)
semiúmido (pl. semiúmidos)
seniores (niô)
sensoriamento (e não sensoreamento)

sequência
shoshonito
sienodiorito
sienogabro
sienogranito
sill (como em Portugal; veja till)
sillimanita (melhor que silimanita)
silvícola
sincinemático
sinclinal (s. e adj. m.)
singenético
sinistral
sinistrogiro (paroxítona)
sinorogênico
sintectônico
sintético (diferente de artificial para gemas)
sklodovskita
skutterudita
slickenline
slickenside
smithita
smithsonita (para $ZnCO_3$; não use calamina ou hemimorfita)
socioeconômico
sohngeíta
soja (s. f.)
sperrylita
spessartina (melhor que spessartita; não use espessartita, espessartina)
steenstrupina
stephanita
stichtita
stishovita
stock
stockwork
stottita

strain
strata-bound
stricto sensu (e não sensu stricto)
stromeyerita
stutzita
subaéreo
subaflorante
subaquoso
sub-bacia
sub-base
sub-betuminoso
subchefe
subclasse
subdivisão
subédrico
subgrupo (e não sub-grupo)
subitem
submetálico
subnível
subordem
sub-horizontal
subproduto
sub-região
sub-regional
subsaturado
subsequente
subsolidus
subsolo (e não sub-solo)
subsuperfície
subtotal (e não sub-total)
subvertical
subvulcânico
sucateamento (seria melhor sucatamento)
sucinto (e não suscinto)
suíte
superávit
supergrupo (e não super-grupo)

superimposto
supersaturado
supra- (é prefixo; não use
    sozinho)
supracitado
supracrustral
suscetibilidade
su-sudeste (SSE)
su-sudoeste (SSW)
sysertskita
szaibelyíta

taafeíta
tabasheer
tabuleiro (e não taboleiro)
talcoxisto
tardi- (é prefixo; não use sozinho)
tardiorogênico
tarditectônico
tarnish
teallita
telefonema (s. m.)
telemagmático
teletermal
têm (eles)
tennantita
termoelétrico
termoluminescência
termonuclear
ter que (igual a ter de)
terraplenagem (melhor que
    terraplanagem)
terras-raras (são óxidos, não
    elementos químicos)
teschemacherita
teschenito
thenardita
thomsonita

thoreaulita
thortveitita
thulita
till (como sill)
titanita (não use esfênio)
titanoaugita
titanomagnetita
topázio-baía (Volp)
topázio-imperial
topázio-palmira
topázio-rio-grande
torácico
tóxico (cs)
tranquilo
transamazônico
transurânico
trapp (use armadilha)
traquiandesito
traquibasalto
trema (s. m.)
trend
triboluminescência
tridimensional
trilhão ou trilião
trondhjemito
tsunami (melhor que tsuname)
turquesa
tuxtlita
tyuyamunita

ullmannita
ultrabásico
ultrabasito
ultramáfico
ultramafito
ultrametamorfismo
ultramilonito
ultrassom (pl. ultrassons)

ultravioleta (pl. ultravioleta)
umedecer
umpetkito
uniaxial
urânio-chumbo (pl.
    urânio-chumbo)
uranomicrolita (não use
    djalmaíta)
vêm (eles; verbo vir)
veem (eles; verbo ver)
verde-oliva (adj. pl. verde-oliva)
vesuvianita (nao use idocrásio)
viagem (s. f.)
viajem (eles; verbo viajar na
    3ª p. pl. do presente do
    subjuntivo)
voçoroca (melhor que boçoroca)
volfrâmio (melhor que
    wolfrâmio)
volframita (melhor que
    wolframita)
vulcano-clástico
vulcano-sedimentar
vultoso (vultuoso é termo médico)
vysotskita

wad
wardita
wavellita
wherlito
willemita
williamsita
witherita (diferente de whiteíta)
wulffenita
wurtzita

xenólito
xérox ou xerox (2 gên.)
xerocar ou xeroxar (cs)
xisto-verde (pl. xistos-verdes)

zeólita (melhor que zeolita; não
    use zeólito)
zinnwaldita
zippeíta
zircão (não use zirconita)
zirkelita
zoisita

bibliografia consultada

ABL - ACADEMIA BRASILEIRA DE LETRAS. *Vocabulário ortográfico da língua portuguesa* [Volp]. 5. ed. São Paulo: Global, 2009. 877 p.

ABNT - ASSOCIAÇÃO BRASILEIRA DE NORMAS TÉCNICAS. NBR 10520: Apresentação de citações em documentos. Rio de Janeiro, 1988. 3 p.

ABNT - ASSOCIAÇÃO BRASILEIRA DE NORMAS TÉCNICAS. *Correspondência*. Carta do Presidente do Comitê Brasileiro 01 da ABNT ao secretário do Subcomitê de Mineração da mesma associação, de 28 set. 1988.

ABNT - ASSOCIAÇÃO BRASILEIRA DE NORMAS TÉCNICAS. NBR 5892: Norma para datar. Rio de Janeiro, 1989a. 2 p.

ABNT - ASSOCIAÇÃO BRASILEIRA DE NORMAS TÉCNICAS. NBR 10630: Material gemológico. Rio de Janeiro, 1989b.

ABNT - ASSOCIAÇÃO BRASILEIRA DE NORMAS TÉCNICAS. NBR 6023: Informação e documentação - Referências - Elaboração. Rio de Janeiro, 2002a.

ABNT - ASSOCIAÇÃO BRASILEIRA DE NORMAS TÉCNICAS. NBR 10520: Informação e documentação - Citações em documentos - Apresentação. Rio de Janeiro, 2002b.

ALMEIDA, N. M. Questões vernáculas – 335. *O Estado de S. Paulo*, São Paulo, p. 39, 26 maio 1991.

ALMEIDA, N. M. Chega de asnices: depoimento. *Veja*, São Paulo, v. 26, n. 8, 20 fev. 1993. Entrevista concedida a O. de Souza.

AOLP - ACORDO ORTOGRÁFICO DA LÍNGUA PORTUGUESA (1990). In: ABL - ACADEMIA BRASILEIRA DE LETRAS. *Vocabulário ortográfico da língua portuguesa* [Volp]. 5. ed. São Paulo: Global, 2009.

AULETE, C.. *Dicionário contemporâneo da língua portuguesa*. 3. ed. rev. atual. e aum. Rio de Janeiro: Delta, 1974. 5 v. il.

BIBLIOGRAFIA CONSULTADA | 215

BACK, M. E.; MANDARINO, J. A. *Fleischer's glossary of mineral species* - 2008. Tucson: Mineralogical Record, 2008. 345 p.

BRANCO, P. de M. *Dicionário de mineralogia e gemologia*. São Paulo: Oficina de Textos, 2008. 608 p. il. (Apêndice)

CEGALLA, D. P. *Novíssima gramática da língua portuguesa*. 20. ed. São Paulo: Nacional, 1979. 439 p.

CERIMONIAL DO ITAMARATY. *Comunicação pessoal*. Carta do Chefe da Divisão de Protocolo do Itamaraty, de 6 mar. 1991.

CIPRO NETO, P. *Comunicação pessoal*. E-mail recebido em 30 mar. 2004.

CIPRO NETO, P. Aprender a flexionar o infinitivo... *Folha de S.Paulo*, São Paulo, 15 jul. 2004. Folha da Manhã, Caderno Cotidiano, 4 c., p. C2.

CIPRO NETO, P. O gênero de "tsunami". *Folha de S.Paulo*, São Paulo, 15 jan. 2005 [2005a]. Folha da Manhã, Caderno Cotidiano, 4 c., p. C2.

CIPRO NETO, P. 46% da população só consegue... *Folha de S.Paulo*, São Paulo, 26 maio 2005 [2005b]. Folha da Manhã, Caderno Cotidiano, 4 c., p. C2.

CIPRO NETO, P. 1/3 das brasileiras nunca examinou... *Folha de S.Paulo*, São Paulo, 2 jun. 2005 [2005c]. Folha da Manhã, Caderno Cotidiano, 4 c., p. C2.

CIPRO NETO, P. Pai, companheiro ou amante? *Folha de S.Paulo*, São Paulo, 6 out. 2007. Folha da Manhã, Caderno Vitrine, 6 c., p. 3.

CNG - CONSELHO NACIONAL DE GEOGRAFIA. *Resoluções da Conferência Nacional de Geografia*. Rio de Janeiro, 1926.

CUNHA, C. *Gramática do português contemporâneo*. 7. ed. rev. Belo Horizonte: Bernardo Álvares, 1978. 509 p.

FERREIRA, A. B. de H. As palavras do mestre: depoimento. *Revista Petrobrás*, Rio de Janeiro, p. 38-41, 1978. Entrevista.

FERREIRA, A. B. de H. *Novo Aurélio século XXI*. 3. ed. rev. ampl. Rio de Janeiro: Nova Fronteira, 1999. 2.128 p.

FERREIRA, A. B. de H. *Informação verbal*. [s.d.].

GIOVANNINI, C. A. *Informação verbal*. [s.d.].

GOSCH, A. Do leitor. *Zero hora*, RBS, Porto Alegre, [s.d.].

GUERRA, A. T. *Dicionário geológico-geomorfológico*. 4. ed. Rio de Janeiro: IBGE, 1972. p. 60, 431 e 432.

HOUAISS, A. *Elementos de bibliologia*. Rio de Janeiro: Instituto Nacional do Livro, 1967.

HOUAISS, A. *Comunicação pessoal*. Carta de 22 jul. 1986 [1986a].

HOUAISS, A. Comunicação pessoal. Carta de 29 jul. 1986 [1986b].

HOUAISS, A. Antônio Houaiss: depoimento. *Diálogo Médico*, v. 14, n. 3, p. 30-33, 1988. Entrevista.

HOUAISS, A. Comunicação pessoal. Carta de 18 ago. 1989.

HOUAISS, A. Comunicação pessoal. Carta de 4 dez. 1990.

HOUAISS, A.; VILLAR, M. S. *Dicionário Houaiss da língua portuguesa*. Rio de Janeiro: Objetiva, 2001. 2922 p.

INMETRO - INSTITUTO NACIONAL DE METROLOGIA, QUALIDADE E TECNOLOGIA. *Quadro Geral de Unidades de Medida*. Duque de Caxias, 1989. 20 p. tab.

INMETRO - INSTITUTO NACIONAL DE METROLOGIA, QUALIDADE E TECNOLOGIA. *Quadro Geral de Unidades de Medida*. Duque de Caxias, 2013. 14 p.

LUFT, C. P. No mundo das palavras. *Correio do Povo*, Caldas Júnior, Porto Alegre, 10 dez. 1970.

LUFT, C. P. *Novo guia ortográfico*. Porto Alegre: Globo, 1974. 156 p.

LUFT, C. P. No mundo das palavras. *Correio do Povo*, Caldas Júnior, Porto Alegre, 25 jun. 1975a.

LUFT, C. P. No mundo das palavras. *Correio do Povo*, Caldas Júnior, Porto Alegre, 1º jul. 1975b.

LUFT, C. P. No mundo das palavras. *Correio do Povo*, Caldas Júnior, Porto Alegre, 3 jul. 1975c.

LUFT, C. P. No mundo das palavras. *Correio do Povo*, Caldas Júnior, Porto Alegre, 29 out. 1981a.

LUFT, C. P. No mundo das palavras. *Correio do Povo*, Caldas Júnior, Porto Alegre, 3 dez. 1981b.

LUFT, L. Comunicação pessoal. Telegrama de 27 fev. 1991.

MORENO, C. Sai Aurélio, entra Houaiss. *Zero hora*, RBS, Porto Alegre, 22 set. 2001. Caderno Cultura, 4 c., p. 2-3.

MORENO, C. *O prazer das palavras*. RBS, Porto Alegre, 2004. 160p.

MORENO, C. Antártica. *Zero hora*, RBS, Porto Alegre, 4 jun. 2005. Caderno Cultura, O prazer das palavras, 3 c., p. 3.

MORENO, C. Coletivos. *Zero hora*, RBS, Porto Alegre, 11 ago. 2007. Caderno Cultura, O prazer das palavras, 4 c., p. 8.

MORENO, C. Mudanças na ortografia. *Zero hora*, RBS, Porto Alegre, 25 out. 2008. Caderno Cultura, O prazer das palavras, 4 c., p. 8.

MORENO, C. Não compre o novo VOLP (final). *Zero hora*, RBS, Porto Alegre,

11 jul. 2009. Caderno Cultura, O prazer das palavras, 4 c., p. 7.

MORENO, C. Pessoa humana (conclusão). Zero hora, RBS, Porto Alegre, 20 nov. 2010. Caderno Cultura, O prazer das palavras, 4 c., p. 7.

MORENO, C. Maiúsculas. Zero hora, RBS, Porto Alegre, 15 mar. 2014. Caderno Cultura, O prazer das palavras, 4 c., p. 6.

O ESTADO DE S. PAULO, São Paulo, 22 out. 1992.

OLIVEIRA, H. F. de. *Informação verbal*. 19 jan. 1992.

REVISTA BRASILEIRA DE GEOCIÊNCIAS. Instrução aos autores. São Paulo: SBG, [s.d.].

SACCONI, L. A. *Nossa gramática*: teoria. 10. ed. reformul. rev. São Paulo: Atual, 1989. 466 p.

SACCONI, L. A. *1000 erros de português da atualidade*. Ribeirão Preto: Nossa Editora, 1990. 224 p.

SACCONI, L. A. *Comunicação pessoal*. Carta de 16 jan. 1991.

SACCONI, L. A. *Corrija-se! de A a Z*. 2. ed. São Paulo: Nova Geração, 2011. 416 p.

índice remissivo

A

abolir 158
abreviação 128
abreviaturas 128, 150, 185
acamadamento 61
acamamento 61
acatassolamento 39
acento diferencial 185
acentuação gráfica 182
acento grave 185, 186
achar 166
à custa de 118
adequar 158
adiar 166
adjetivos compostos 83, 103
adjetivos pátrios 115
a fim 68
afim 68
-agem 86
agradecer 166
algarismos 147
algarismos romanos 147
alta (de preços) 69
alternativas 69
alto e bom som 118
aluvião 83
a maioria dos 126
a maior parte de 126
americano 69

anexo 70
anos... 118
Antártica 113
Antártida 113
ante- 70
antes de mais nada 118
anti- 70
anticlinal 86
antropônimos 110, 190
ao encontro de 118
ao invés de 119
aonde 78
a par 119
aportuguesamento 35
ar condicionado 70
ar-condicionado 70
artificial (gema) 67
artigo 186
até 119
até a 119
atingir 166

B

bandado 61
bandamento 61
barato 70
bastante 71
bauxita 138
bege 108

ÍNDICE REMISSIVO | 219

bibliografia 27
bimensal 71
bimestral 71
boçoroca 68
branco 61
brilhante 62

C

cadastramento 61
cadastro 61
calc(i)(o) 62
calc(o) 62
calor 62
caloria 62
canhão 39
cânion 39
canyon 39
cargos (no feminino) 84
caro 70
carta 62
catorze 146
cessão 71
chatoyance 39
cinquenta 146
circuito 138
citações 32
coletivos 72
colocação 39
colorir 158
coluvião 83
cometer 166
como sendo 121
concerto 72
concordância 172
concordância nominal 172
concordância verbal 173
conjugação verbal 158

conserto 72
consistir 167
continuação 72
continuidade 72
crase 185, 186
cristal de rocha 55
curriculum vitae 108
custar mais caro 120

D

datas 149
década de... 118
de encontro a 118
defronte de 120
demolir 158
demonstrativos 72
densidade relativa 65
descobrir 166
de vez que 121
dextrogiro 138
diamante 62
dicionário (uso do) 21
digitalizar 167
digitar 167
diminutivos especiais 68
direção 73
ditongos acentuados 184
divisa 64
dizer 167
dois-pontos 180
donde 78
dureza 63

E

-eano 73
eis que 121
eluvião 83

em face de 121
em nível 121
emplacement 39
em que pese a 121
em termos de 121
em vez de 119
em via de 121
enclave 29, 138
encrave 29, 138
-ênio 57
escala 63
esculpir 158
especificamente 139
estada 74
estadia 74
evidência 65
exaurir 158
existir 169
explodir 158
exploração 63
explorar 63

F

face 64
face a 121
faceta 64
fácies 85
falar 167
falsificação 64
falsos cognatos 41
fazer 159
fazer com que 122
fazer que 122
feminino 28
feminino de cargos 84
feminino de postos 84
feminino de profissões 84

fluido 138
folha 64
foliação 64
foliado 64
formas duplas 75
fortuito 138
fosco 66
fotomicrografia 65
frações ordinárias 147
frio 62
fronteira 64

G

gêiser 39
gema artificial 67
gema sintética 67
gênero 83, 133
geossinclinal 86
gerúndio 171
geyser 39
-gita 57, 140
-gnar 143
grade 39
grande número de 126
gratuito 138
graus Celsius 153
greisen 39

H

há... anos 122
haja vista 122
haver 159
hiatos 184
hífen 89
hindu 75
hinduísta 75
h medial 76

ÍNDICE REMISSIVO | 221

hipercorreção 80
hiperurbanismo 80

I

-iano 73
imitação 64
imperativo 162
implicar 167
incipiente 76
incluso 40, 70
incolor 61
independente 76
independentemente 76
indiano 75
indício 65
infinitivo após preposição 170
iniciais maiúsculas 135
iniciais minúsculas 58, 137
inobstante 76
insipiente 76
intervir 160
intruded 40
intrudido 40
intruído 40
intuito 138
-io 57
ir a 122
ir para 122
-ite 53
-ito 53

K

kappameter 40

L

lato sensu 40, 125
letras maiúsculas 33, 129, 132

levogiro 138
limite 64
linguagem coloquial 144
linguagem formal 144
linguagem inculta 144
litoquímica 66
locuções 118, 190
loess 40

M

-ma 86
maghemita 139
mais bem 122
mais inferior 123
mais mal 122
mais ruim 123
mais superior 123
mal 76
mapa 62
marker 40
massa específica 65
mau 76
menos ruim 123
mesmo 77
metades 123
microfotografia 65
micrometro 155
micrômetro 156
milhão 85
minerais (nomes de) 53
minerais com dupla denominação 53
modo imperativo 162
molassa 85
molasso 85
monitoração 77
monitoragem 77
monitoramento 77

monitorização 77
moscovita 55
múltiplos de dez 149, 155
muscovita 55

N
-na 57
nada 77
nem 77
neologismos 17
ninguém 77
nomes de cidades 85
nomes de minerais 53, 95, 140
nomes indígenas 78
normalizar 167
normatizar 167
norte-americano 69
números 145
números de telefone 150
números decimais 148
números por extenso 145

O
octaedrita 66
octaedrito 66
o mais ... possível 123
onde 78
opaco 66

P
palavras estrangeiras 36
palavras oxítonas 183
palavras paroxítonas 182
palavras proparoxítonas 182
palestrante 75
para eu 123
para mim 123

particípios 163
pedir 168
perca 79
perda 79
pessoa humana 124
perthita 56
pertita 56
petroquímica 66
pHmetro 142
plácer 139
pleonasmos 124
plurais especiais 108
plural de adjetivos compostos 103
plural de substantivos compostos 103
plural de modéstia 18, 109
polir 160
ponto 176
ponto de exclamação 180
ponto de interrogação 180
ponto e vírgula 180
pontos cardeais 66
pontos colaterais 66
pontos subcolaterais 66
pôr 160
porcentagem 149
por que 79
por quê 79
porque 79
porquê 79
português de Portugal 47
posto que 125
postos (no feminino) 84
potências de dez 148, 155
prasiolita 55
precaver 161
preciosa (pedra) 67

preciosismos 80
preferir 168
prefixos como redução 129
prefixos substantivados 80
preposição 186
profissões (no feminino) 84
pronúncia 28, 138
protocolar 169
protocolizar 169

Q

quadrícula 64
quadruplicar 169
quanto possível 123
quartzífero 140
quartzito 140
quartzo 58, 140
quartzoso 140
quatorze 146
que nem 125
quente 62
quilate 67, 154

R

raios X 70
reaver 161
referências bibliográficas 34, 41, 134, 137
relacionar-se 169
residir 169
reticências 180
reverter 169
revisão de textos 19
risco de vida 125
roof pendant 40, 140
Roraima 143
rutilo 56

S

scheelita 57
seção 71
secção 71
semipreciosa 67
se não 81
senão 81
sendo que 121
sentido 73
sessão 71
siglas 128
siglemas 129
sigloide 129
sinais de pontuação 176
sinclinal 86
sintética (gema) 67
stricto sensu 40, 125
sub + s 140
substantivos compostos 103
substantivos comuns de dois gêneros 88
substantivos epicenos 87
substantivos sobrecomuns 88
substantivos uniformes 87
subverbete 25

T

tanto [...] quanto 126
temperatura 62
ter 161, 169
ter de 126
ter que 126
terraplanagem 68
terraplenagem 68
terras-raras 68
teto pendente 40
til 184

till 40
todo 81
todo o 81
topônimos 41, 85, 110, 189
traduções 35
transcrições 30
translúcido 66
transparente 66
trata-se de 126
travessão 181
trema 184
tsunami 88

U
ultracorreção 80
um dos que 126
um dos únicos 126
um total de 126
unidades de medida 152
uso do dicionário 21

V
ver 161
verbete 25
verbetes principais 29
verbos 158, 166
verbos com terminação -uar 165
verbos com terminação -uir 165
verbos pronominais 165
verbos seguidos de data 170
viger 162
vir 161
vírgula 176
visar 170
visto que 125
vocabulário 197
voçoroca 68

X
xerox 88, 140